AF484240

Cartas de la Guerra del Pacífico

Correspondencia de
MANUEL IGNACIO SILVA VARELA
1879 - 1881

EDICIONES UNIVERSIDAD CATÓLICA DE CHILE
Vicerrectoría de Comunicaciones
Av. Libertador Bernardo O'Higgins 390, Santiago, Chile

editorialedicionesuc@uc.cl
www.ediciones.uc.cl

Cartas de la Guerra del Pacífico.
Correspondencia de Manuel Ignacio Silva Varela
1879 – 1881
Juan Ricardo Couyoumdjian
María Soledad Manterola Bade

© Inscripción N° 2020-A-8618
Derechos reservados
Octubre 2020
ISBN N° 978-956-14-2723-5

Diseño
Diseño Corporativo UC

Impresor
Salesianos Impresores S. A.

CIP-Pontificia Universidad Católica de Chile

Silva Varela, Manuel Ignacio, autor.
Cartas de la Guerra del Pacífico: correspondencia de Manuel
Ignacio Silva Varela, 1879 - 1881 / Juan Ricardo Couyoumdjian,
María Soledad Manterola Bade.

1.   Cartas chilenas.
2.   Guerra del Pacífico, 1879-1884 – Relatos personales.
3.   Soldados – Chile – Relatos personales.
I.   t.
II. Couyoumdjian, Juan Ricardo, 1939-, compilador.
III. Manterola Bade, María Soledad, compilador.

2020   Ch866   DDC23   RDA

Cartas de la Guerra del Pacífico

Correspondencia de
MANUEL IGNACIO SILVA VARELA
1879 - 1881

EDICIONES UC

Juan Ricardo Couyoumdjian
María Soledad Manterola Bade

AGRADECIMIENTOS

Al rector Ignacio Sánchez Díaz, por el auspicio
y decidido apoyo de la Pontificia Universidad Católica de
Chile en esta publicación.

Al profesor Roberto Hernádez Ponce (Q.E.P.D)
por haber propiciado el contacto
que dio vida a esta iniciativa.

A José Luis Villalba Pernas y a Pablo Merino Lefenda
por el apoyo en el cuidadoso proceso de escanear las
cartas originales y las sucesivas impresiones de la obra,
realizado en sus respectivas oficinas y a Isabel Valenzuela
por el trabajo realizado en este contexto.
A Juan Sebastián Sepúlveda Manterola,
por su constante colaboración y asesoría.

A María Angélica Zegers Vial, directora de Ediciones UC
y a su equipo por su buena disposición,
competencia y amabilidad para sacar adelante este proyecto.

Juan Ricardo Couyoumdjian
María Soledad Manterola Bade

Índice

Introducción

Comenzaba el año 1879 y Chile estaba a solo un mes de entrar en combate en la Guerra del Pacífico. Al estallar el conflicto se enardecían los ánimos de los chilenos ansiosos de luchar por la patria. Tal era el entusiasmo nacional, que un joven cuya formación le valía para ser oficial de ejército se enroló como simple soldado con tal de conseguir cuanto antes la gloria y participar en la aventura de la batalla. Su nombre era Manuel Ignacio Silva Varela. Partió desde Santiago a Antofagasta, acompañado por la nostalgia de su casa y de su madre, descubriendo que la vida cotidiana de un soldado no constaba únicamente de valientes combates. Involucraba, asimismo, tedio, apuros económicos, escasez, monotonía y añoranza de la familia. Sin embargo, también había encuentros con amigos, espíritu de camaradería y buenos momentos bajo el sol en las costas del norte.

Este libro tiene la virtud de reflejar el sentimiento y la pasión con que un joven de dieciocho años, en una narración espontánea y detallada desde el escenario de la Guerra del Pacífico, relata en cartas a su madre las experiencias al interior del regimiento: los hábitos, los modos de vida, las expediciones por el desierto y sus dificultades, la descripción de las batallas y los acontecimientos bélicos en los que estuvo involucrado. Por la pluma de Manuel Ignacio nos enteramos del bombardeo de Antofagasta, la batalla de Dolores, la toma de Pisagua, la batalla de Los Ángeles, las incursiones hacia el norte de Perú, la sangrienta batalla de Tacna, Chorrillos y Miraflores y, por último, la toma de Lima.

Las cartas son un apasionante relato de la Guerra del Pacífico muy bien descrito, vivido en primera línea, matizado con emociones exaltadas por los éxitos, las tristezas por sus compañeros, amigos y oficiales muertos o heridos, la nostalgia por la familia y su desesperación porque la guerra termine pronto. Todo está escrito sin censura, ya que son cartas a su madre. Podemos encontrar también cartas de su hermano, Alejandro Silva, oficial de marina, las que combinan relatos de episodios navales con la preocupación por su hermano menor. Por último, se incluyen algunas cartas que Ignacio recibió de su madre, en las cuales ella relata las preocupaciones y problemas propios de la cotidianeidad de su familia en Santiago, y cómo, desde tan lejos, se percibe la guerra en la capital. Muy excepcional en su tipo, estas cartas muestran aspectos íntimos de la guerra entre Chile, Bolivia y Perú, dolorosa para todos, escrita por un joven de pluma ágil y atento a los acontecimientos que vive, imbuido de un espíritu apasionado.

La correspondencia

El cuerpo principal del epistolario que aquí se publica está compuesto por las cartas enviadas por Manuel Ignacio Silva, desde el teatro de operaciones, a su madre, Sabina Varela, en Santiago. También se incluyen otras escritas por Sabina a Ignacio, la correspondencia intercambiada entre Ignacio y su hermano Alejandro, oficial de marina embarcado en el Blanco Encalada, y algunas cartas enviadas a Ignacio por su hermano Luis y su amigo David Montané, quien, al parecer, habitaba con ellos en la casa familiar. La correspondencia cubre desde junio de 1879 a noviembre de 1881, abarcando las tres primeras etapas de un conflicto cuyas repercusiones se proyectan hasta el día de hoy.

La documentación que presentamos constituye un interesante testimonio de la vida de campaña durante la Guerra del Pacífico. No es la única en su género que ha llegado hasta hoy, pero nuestro soldado tiene el mérito de una buena pluma y escribe con un alto grado de espontaneidad. Estas cualidades ya eran apreciadas por doña Sabina, "por el orgullo patrio y tus guapezas" y "porque cuentas todo". Al agregar las cartas de su madre y hermanos, el lector puede adentrarse en las vicisitudes de esta familia de clase media y su red de amistades y contactos, un mundo menos heroico que el anterior, pero también mucho menos conocido.

Las cartas fueron conservadas por la madre de Manuel Ignacio a pedido suyo. Posteriormente pasaron a manos del doctor Benjamín Manterola De la Fuente, de Valparaíso, a través de su esposa Elvira González Silva, sobrina de Manuel Ignacio Silva. Este legado se unió a un conjunto de documentos de la familia Manterola De la Fuente, un acervo que el doctor Manterola salvaguardó y que datan desde finales de 1600 en Valparaíso.

El doctor Manterola rescató las genealogías de ambas familias gracias a que gran parte de los antecedentes sobre los Silva Varela le fueron entregados por Luis Dell'Orto Prieto en 1917, quien los había recibido de doña Sabina en 1898. Todos los datos de la carrera militar de Manuel Ignacio Silva provienen del documento proporcionado por el Departamento Cultural, Histórico y de Extensión del Ejército[1].

El doctor Manterola transmitió a sus hijos la importancia de resguardar la memoria de la historia de los antepasados. Su último sobreviviente, su hijo

---

1.   Los autores agradecen a Claudia Arancibia y al capitán Rodrigo Arredondo por las facilidades otorgadas

Benjamín Manterola González, replicó lo mismo desde niña a su única hija, María Soledad Manterola Bade. Una semana antes de morir, cuando ella tenía doce años, le dijo: "conserva los documentos antiguos". Dado el profundo lazo afectivo que lo unía a sus antepasados y el cariño transmitido por él a la familia que ya no estaba, estas cartas de la Guerra del Pacífico y muchos otros documentos no podían sino ser conservados, lo que permite que hoy se publique esta correspondencia.

Para facilitar la lectura, se ha corregido y modernizado la ortografía, modificando, en algunos casos, la puntuación. Hemos homologado, expresados en letras, los numerales contenidos en las cartas (referidos a fechas, días, horas, número de disparos, etc.). Se ha conservado la grafía original de algunos nombres y se indican los textos subrayados en el original.

No se ha conservado toda la correspondencia. Faltan cartas escritas por doña Sabina en 1880 y 1881 y varias de las escritas por los hermanos; la mayoría de ellas parecen no haber llegado a su destino. Una de las cartas, la fechada en Jazpampa el 27 de enero de 1880, está incompleta y otras dos presentan aparentes saltos en la narración al pasar del anverso al reverso de la hoja. Con todo, la correspondencia que aquí se publica resulta excepcional tanto por su continuidad como por la manera directa que Manuel Ignacio relata a su madre los acontecimientos, los sacrificios y las privaciones experimentadas, los cambios de ánimo y la crudeza de estas vivencias.

Las cartas rezuman una estrecha vida familiar. El padre de Manuel Ignacio Silva Varela era Ignacio Silva Medina. Nacido en Santiago en 1806, fue socio del norteamericano Tomás G. Wells en la propiedad de la imprenta de la que salieron los primeros ejemplares de El Mercurio de Valparaíso en 1827. Según el historiador Ricardo Donoso, Silva tenía alguna experiencia en el rubro, habiendo sido previamente administrador de la Imprenta del Comercio. La sociedad de Wells y Silva duró hasta el 4 de abril de 1829, siendo disuelta de común acuerdo. El primero quedó a cargo del negocio, tras lo cual Silva ingresó a la secretaría de la gobernación de Valparaíso. Poco después, entró al servicio de aduanas, donde hizo carrera. En 1850 pasó a ser ministro de la aduana del puerto de Caldera y culminó su carrera como alcaide de la equivalente en Valparaíso. Desempeñaba ese cargo cuando falleció el 21 de mayo de 1863.[2]

En 1843 había contraído matrimonio con Sabina Varela Valdés, nacida en 1820. El apellido original de la familia era Andía y Varela, pero sus padres eliminaron el Andía, que sonaba demasiado peninsular para los años de la post independencia, quedando solo como Varela.

---

2. Ricardo Donoso, *Veinte años de la historia de El Mercurio*, Santiago, Imprenta Cervantes, 1927, pp. 52-61.

De este matrimonio nacieron los siguientes hijos que aparecen mencionados en el epistolario.

1.- Luis Felipe Silva Varela (1844-1896), casado en 1865 con Emilia González, al parecer empleado de los Ferrocarriles del Estado al estallar la guerra. Más tarde, ingresó al ejército y combatió en la batalla de Miraflores.

2.- Ignacia, casada en 1864 con José Octavio González Raimundis (1837-1882), quien fue corresponsal de El Mercurio en Paris, y que firmaba sus escritos con el seudónimo Juan de la Roca[3]. Hijos de ellos fueron: Eduardo, nacido en Valparaíso 1864; Ana; Elvira, nacida en Talca y abuela de Soledad Manterola; Elena, nacida en Quillota en 1868; y Octavio, nacido en Chillán en 1871. Este último es Tavito o Tabito, mencionado con frecuencia por Ignacio como el "general Tabito" y que parece haber sido el sobrino regalón. A este le sigue Adriana, también nacida en Chillán.

3.- Eufrasia, nacida en Valparaíso en 1848, casada con Antonio Pérez Gacitúa en 1874. De este matrimonio nacieron María Teresa, Sabina y Elisa.

4.- Alejandro Silva Varela, oficial de marina, nacido en Caldera en diciembre de 1855, casado con Catalina Stack Valdés.

5.- Tránsito (1859-1888), casada con Enrique Hams Rechis en 1884.

6.- Manuel Ignacio (1861-1896), soltero.

A esta lista se agregan otros cuatro hijos que murieron en su primera infancia.

En octubre de 1863, luego de fallecido su marido, doña Sabina obtuvo una modesta pensión de gracia del gobierno de 25 pesos mensuales, que mantendría mientras siguiera viuda[4]. Por el tiempo de esta correspondencia, vivía en Santiago en el número 6 de la calle Lira. La situación allí debe haber sido precaria, porque en agosto de 1881 doña Sabina se mudó a otra casa en el mismo barrio, lo que dio lugar a un extravío de la correspondencia.

Aunque la situación económica de la familia no era demasiado holgada, doña Sabina tenía una extensa red de parientes y amistades, incluyendo varios personajes importantes, que aparecen mencionados en las cartas. En varios casos se han logrado identificar con mayor o menor certeza, lo que se indica en notas a pie de página.

Al calor del entusiasmo patriótico producido por la guerra, Ignacio Silva Varela se enroló en abril de 1879 como soldado a los 18 años, sin hacer valer su educación, que incluyó el paso por la Escuela Militar, ni la red de vínculos de su familia. En consecuencia, fue incorporado con el grado de sargento

---

3   Virgilio Figueroa, *Diccionario Histórico Biográfico y Bibliográfico de Chile,* reedición. Nendeln, Kraus Reprint, 1974, tomo V, pp. 835-836.

4   Ley de 19 de octubre de 1863 en *Boletín de Leyes y Decretos del Gobierno,* 1863 Vol. 31, p. 318.

segundo a la cuarta compañía del primer batallón del regimiento Santiago. Pronto se arrepintió de su arrebato y pidió a su madre que recurriera a personas influyentes para que fuera promovido al cuerpo de oficiales. Doña Sabina, que tenía algunas amistades influyentes, habló con el general Erasmo Escala y otros oficiales de alto rango, sin perjuicio de recomendar a su hijo que estuviera "siempre a la mira de algún ascenso, para empeñarme yo con los jefes que tú sabes casi todos me conocen y que no dudo harán algo por mí".

Pese a reiteradas peticiones en cartas posteriores, las esperanzas demoraban en materializarse: el 24 de junio de 1879 a su hermano Alejandro le comentaba su futuro ascenso a sargento primero, pero el nombramiento aún no había llegado en noviembre de ese año. En diciembre volvía sobre el tema rogando a su madre que hablara con algunos senadores y personas influyentes para que intercedieran en su favor, con la certeza que con ello lograría su cometido.

Estando en el campamento de Jazpampa en enero de 1880, el sargento mayor Estanislao León le preguntó si había sido cadete militar y ante la respuesta afirmativa, le dijo que había recibido "muy buenas recomendaciones" suyas y que lo había propuesto para subteniente efectivo de la primera compañía del segundo batallón de su regimiento. A los posibles influjos de Santiago se agregaba el apoyo de algunos oficiales jóvenes que, a juicio de Ignacio, habían surtido efecto. El 24 de ese mes fue ascendido a subteniente. Después de la batalla de Miraflores, fue ascendido a teniente efectivo en febrero de 1881, pero el nombramiento oficial se formalizó recién en diciembre del mismo año.

Las campañas

El regimiento Santiago viajó por tren a Valparaíso los días 18 y 19 de mayo de 1879 para embarcarse con destino al norte a bordo del Rimac. La nave zarpó al día siguiente desembarcando en Antofagasta en la mañana del 23[5].

La primera carta de Manuel Ignacio a su madre está fechada el 3 de junio de 1879 desde Antofagasta, donde se había encontrado con varios conocidos. Pocos días después recibió carta de su hermano Alejandro, guardiamarina primero a bordo del Blanco Encalada, dándole diversos consejos y recomendándolo a algunos parientes y amigos. Se hablaba de una posible expedición a Caracoles que no se materializó, y sus cartas posteriores reflejan el tedio que le producía seguir allí.

A comienzos de septiembre se embarcó en el Itata rumbo a Tocopilla, encon-

---

5   Ver Teniente Coronel Pedro Hormazábal, *Batallón y regimiento movilizado de infantería de línea "Santiago" o batallón 5°
     de línea "Santiago"* (inédito). Agradecemos a Camila Pesse, del departamento Cultural, Histórico y de Extensión del
     Ejército por habernos facilitado este documento

trándose con su hermano Alejandro en la operación de desembarco, antes de marchar al interior hasta Quillagua sobre el rio Loa. De regreso a Tocopilla, a comienzos de noviembre, el 20 de ese mes Manuel Ignacio se encontraba a bordo del *Itata* pronto a desembarcar en Pisagua. Acampado su regimiento en la aldea de Jazpampa, participó en la batalla de Dolores, su primer enfrentamiento armado, y que describe con pasión. La fuerza chilena permaneció en la zona por dos meses, una monotonía interrumpida por una expedición al interior de la que regresaron el 6 de enero. Junto a estos relatos propios, está el de su hermano Alejandro, que le describe la captura de la cañonera peruana Pilcomayo, en la que tuvo ocasión de participar.

Su unidad formó parte en la expedición a Ilo, integrando la segunda división al mando del coronel Mauricio Muñoz. Partieron desde San Antonio a Pisagua, donde se embarcaron el 24 de febrero, arribando al día siguiente a Pacocha, al norte del puerto de Ilo. Su regimiento formó parte de la expedición a Moquegua, localidad que fue ocupada por las tropas chilenas el 20 de marzo, sin encontrar resistencia. Las fuerzas peruanas se habían atrincherado en la cuesta de Los Ángeles, donde el día 22 se produjo el choque entre ambos ejércitos y que nuestro personaje describe con detalle en su carta incluyendo un croquis[6].

Su siguiente enfrentamiento con el enemigo fue el 26 de mayo en la batalla de Tacna, la que avizoraba sangrienta y de la que temía no salir vivo. Recién el día 8 de junio se hizo un tiempo para dar cuenta de ella a su madre. Luego, su regimiento quedó acantonado en Tacna hasta diciembre, cuando se embarcó en Arica en el vapor Copiapó rumbo a Chilca. Efectuado el desembarco, las fuerzas chilenas avanzaron por tierra hacia la capital peruana. Manuel Ignacio participó en las batallas de Chorrillos y Miraflores, si bien no comentó sobre ellas en sus cartas, alegando que le resultaría demasiado largo, remitiendo a su familia a las noticias de los periódicos.

Manuel Ignacio Silva permaneció en Lima con su batallón del regimiento Santiago. Estuvo acantonado allí hasta septiembre de 1881 pasando luego a Ate, en las afueras de la capital peruana.

Las estrecheces

El sueldo de Manuel Ignacio resultaba escaso, especialmente porque había autorizado que se descontara del mismo diez pesos mensuales para ayudar a su madre, suma pagadera por la Tesorería en Santiago y que ella recibía regularmente. Lo que le quedaba era muy poco y andaba siempre escaso de dinero. La situación se tornó aún más difícil en vísperas de su ascenso, ya que debía mantener cierto rango y no tenía "ropa decente con que presentarme ante la gente", o cuando se hizo una

---

6.   Sobre el combate de los Ángeles véase *Boletín de la Guerra del Pacífico*, pp. 612-622.

suscripción en homenaje al coronel Pedro Lagos, recién ascendido, para comprarle unas charreteras. No tenía para comprar papel de carta, y algunas -como la de 26 de noviembre- estaban escritas en hojas arrancadas a un libro de contabilidad.

En medio de estas dificultades pudo contar con la ayuda económica y el apoyo anímico de su hermano Alejandro. Al estallar la guerra, él estaba sirviendo a bordo del Blanco Encalada, desde el cual participó en la ocupación de Antofagasta, en el bloqueo de Iquique y en el combate de Angamos. Más tarde fue transferido a la corbeta Pilcomayo con el grado de teniente segundo, cuando la nave estuvo encargada del bloqueo de diversos puertos y del traslado de tropas al norte, incluyendo la campaña de Lima[7]. Los hermanos coincidieron primero en Antofagasta y más tarde en otros lugares. Enterado de su situación económica, Alejandro le ofreció a Manuel Ignacio enviarle lo que necesitara, incluyendo papel para cartas. Al mes siguiente, cuando se reencontraron en Arica, Alejandro lo proveyó de dinero y todo tipo de pertrechos, no sin cierta vergüenza de Manuel Ignacio por toda la ayuda recibida. Fue también Alejandro quien le proporcionó la ropa que le faltaba y que había pedido a Santiago.

En una carta de octubre de 1880, Manuel Ignacio alude a su hermano Luis lamentando que "haya perdido su destino por el maldito vicio que tiene tan arraigado". No sabemos qué sucedió, pero más adelante informó que Luis se había alistado en el regimiento Concepción, que también formaba parte de la segunda brigada, y con quien se encontró en la campaña de Lima. No tenía, empero, la misma cercanía que tenía con Alejandro y lo acusa de no escribirle.

Entre el tedio y la acción

El entusiasmo de los primeros días fue dando paso a la nostalgia por la familia. Todas las cartas a su madre, en las que le volcaba su afecto, incluyen un párrafo pidiendo que le escriba, un encargo que hace por su intermedio a los demás miembros de la familia inmediata. La correspondencia recibida le resultaba insuficiente y reprochaba a sus hermanos el no haberle escrito. Solo Alejandro le escribía. Gustavo Gerkens, un amigo de la familia, le enviaba los diarios de Santiago que mucho agradecía "porque me gusta estar al corriente de todo lo que sucede por allá". Estando acantonados en Tacna en agosto y septiembre, manifestaba su deseo de pasar a Santiago, cosa que no resultaba fácil, y pedía recurrir a los amigos de la familia para conseguir el anhelado permiso.

Estando en Tacna, Manuel Ignacio fue destinado al Estado Mayor general por recomendación de un amigo que debió reconocer su formación superior al resto, pa-

---

7. Información extractada de la hoja de vida de Alejandro Silva Varela en Archivo Nacional. Fondo Ministerio de Marina, Vol. 799, fs. 44 a 49.

sando a ser ayudante letrado[8]. El trabajo ofrecía ciertas comodidades, lo liberaba del servicio de guardia y de exploraciones. Tampoco faltaba alguna vida social; sin embargo, buscaba la acción. De ahí el entusiasmo que manifiesta en la despedida a su madre antes de embarcarse en Arica al norte, aunque no conocía su destino exacto.

Las movilizaciones eran también una oportunidad para encontrarse con parientes, amigos y conocidos, a los que Manuel Ignacio menciona en su correspondencia. Esto es un reflejo de lo extensa que era la red social de su familia y también la falta que le hacía el contacto con su gente a una persona gregaria como él.

Después de la campaña de Lima y la entrada a la capital, le volvió el tedio. Sin mucho que hacer, Manuel Ignacio se sentía abandonado al no recibir cartas. Se quejaba de que sus hermanos no se acordaban de él, ni tampoco le había escrito su madre, como no cesaba de recordarle. Añoraba conseguir un permiso para regresar a Chile, pero las solicitudes eran muchas y pronto debió resignarse a permanecer en el Perú. En junio cayó enfermo con fiebre y fue a parar al hospital. Tuvo tercianas, su recuperación fue lenta y otros se le anticiparon a pedir permiso para volver. Ya recuperado, en carta del 19 de noviembre anunciaba que se proponía hablar con el comandante de su regimiento para conseguir permiso para ir a Chile. Al parecer tuvo éxito, puesto que la correspondencia se detiene ese mismo mes.

Fue separado del ejército a fines de 1884. Su salud debió haber quedado bastante resentida después de su enfermedad en Lima, pues falleció en 1886 a la edad de 35 años.

Juan Ricardo Couyoumdjian
María Soledad Manterola Bade

---

8. Información extractada de la hoja de vida de Ignacio Silva Varela en Archivo Nacional. Fondo Ministerio de Marina, Vol. 799, fs. 44 a 49.

Registros gráficos
de Manuel Ignacio Silva

Sabina (Andía) Varela Valdés.
Madre de Manuel Ignacio.

Ignacio Silva Medina.
Padre de Manuel Ignacio.

DEPARTAMENTO CULTURAL, HISTÓRICO Y DE EXTENSIÓN DEL EJÉRCITO
ARCHIVO GENERAL DEL EJÉRCITO

DATOS BIOGRÁFICOS DEL
SUBTENIENTE IGNACIO SILVA VARELA

Nació aprox. en 1862.

04   ABR   1879   Sargento 2° de la 4ta. Compañía del 1er. Batallón del Regimiento de Línea "Santiago".
24   ENE   1880   Subteniente.
26   DIC   1881   Teniente.
31   DIC   1884   Separado del servicio.

TIEMPO SERVIDO EN LA INSTITUCIÓN: 5 AÑOS, 9 MESES Y 4 DÍAS

CAMPAÑAS Y ACCIONES DE GUERRA

Realizo la campaña contra el Perú y Bolivia, encontrándose el 28 de agosto de 1879 en el bombardeo de Antofagasta. El 22 de marzo de 1880, en la batalla de Los Ángeles y el 26 de mayo de 1880 en la batalla de Tacna.

Hizo la campaña a Lima, encontrándose el 13 de enero de 1881 en la batalla de Chorrillos y el 15 del mismo mes y año en la batalla de Miraflores.

CONDECORACIONES

Por Ley de 1° de septiembre de 1880, tiene derecho a usar una Medalla de Oro, por haber realizado la Primera Campaña contra el Perú y Bolivia, con una barra del mismo metal, por cada una de las batallas en que participó (Antofagasta, Los Ángeles y Tacna).

Por Ley de 14 de enero de 1882, tiene derecho a usar una Medalla de Oro, por haber realizado la Campaña a Lima, con una barra del mismo metal, por cada una de las batallas en que participó (Chorrillos y Miraflores).

Santiago, 17 de abril de 2017
EJEC.: MME.

RODRIGO ARREDONDO VICUÑA
Capitán
Jefe de la Sección Archivo General del Ejército

Hoja de servicio de Manuel Ignacio Silva Varela en la Guerra del Pacífico. Archivo del Ejército.
Datos biográficos del subteniente Ignacio Silva Varela fechado 17 de abril 2017.

Antofagasta, 1879. Grupo de jefes y oficiales del regimiento de línea Santiago.
Aparecen los oficiales a las cuales Manuel Ignacio Silva Varela
hace referencia en sus cartas, entre ellos: Comandante Don Pedro Lagos,
Coronel Francisco Barceló, Sargento Mayor Estanislao León,
Comandante Egidio Gómez y Coronel Demófilo Fuenzalida[9].

9.   Álbum Gráfico Militar de Chile. Campaña del Pacífico. 1879-1884. Antonio Bisama Cuevas. Editorial Ricaaventura E.I.R.I.
      2ª Edición 2008. Agradecemos a María Paulina Retamal y al Archivo Fotográfico del Museo Histórico Militar de Chile
      por la digitalización de estas imágenes.

Regimiento de línea Santiago. Campamento de Antofagasta 1879[10]
"Hoy fuimos (todo el regimiento) con mochilas, caramayolas, morrales y todo
equipo, a retratarnos en columna. Los oficiales se retrataron en un grupo[11]*."*

---

10. Álbum Gráfico Militar de Chile. Campaña del Pacífico. 1879-1884. Antonio Bisama Cuevas. Editorial Ricaaventura E.I.R.I. 2ª Edición 2008.

11. Carta del 11 de julio de 1879 que Manuel Ignacio Silva Varela le escribe a su madre desde el Campamento de Antofagasta.

Ruta de las cartas

*de las campañas
en las que participó
Manuel Ignacio
Silva Varela*

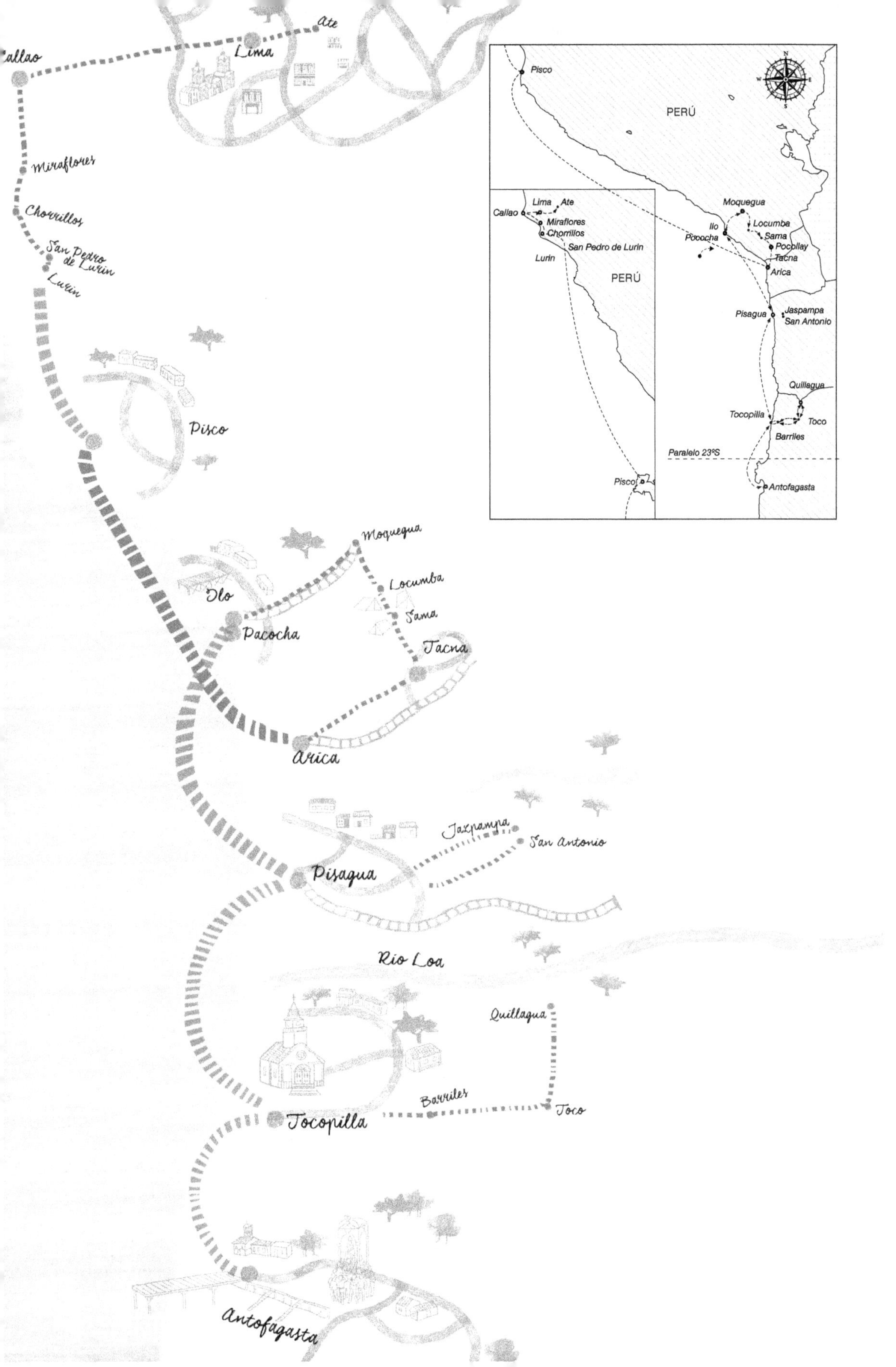

Callao
Lima
Ate
Miraflores
Chorrillos
San Pedro de Lurín
Lurín
Pisco
Moquegua
Ilo
Locumba
Pacocha
Sama
Tacna
Arica
Jaxpampa
San Antonio
Pisagua
Rio Loa
Quillagua
Barriles
Tocopilla
Toco
Antofagasta

Pisco
PERÚ
Moquegua
Ilo
Locumba
Pococha
Sama
Pocollay
Tacna
Arica
Lima
Ate
Callao
Miraflores
Chorrillos
San Pedro de Lurín
Lurín
PERÚ
Jaspampa
San Antonio
Pisagua
Quillagua
Tocopilla
Toco
Barriles
Paralelo 23°S
Pisco
Antofagasta
N
S
E
W

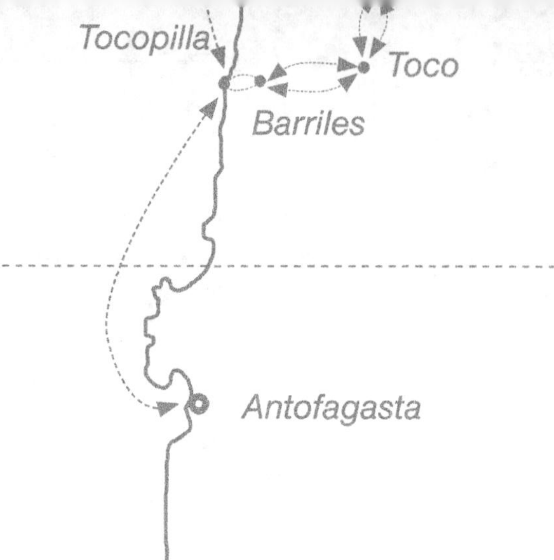

Antofagasta

Antofagasta, **3 de junio** de 1879

SEÑORA SABINA VARELA DE SILVA

Santiago

Queridísima mamá:

Salud y felicidad. Ustedes habrán extrañado mi demora en escribirles, pero esperaba que algún suceso de importancia aconteciera para tener qué contarles. Ya ha sucedido, que después de preguntarles por la salud de todas y de Luis pasaré a narrárselos. Yo cada día más gordo y negro, con muy buena salud. El clima no lo he extrañado y ni el agua, calor, frío y tierra me han hecho mella.

La navegación fue mala al principio porque salimos de Valparaíso con temporal y lluvia que duró dos días. En el vapor (el Rimac)[12] venía Don Jorge Porter[13], el cual me atendió como padre. Está aquí, en este puerto; les manda memorias.

En este miserable puerto lo que extraño es el verde. No se ve una sola planta, ni árbol; todo se reduce a tierra, arena y rocas. De día, un calor igual a los de Santiago en verano. De noche, un frio insoportable. Aquí he encontrado muchos amigos de oficiales y de sargentos. Está Balbontín[14], que está recién llegado de Calama, Eduardo Guerrero[15], Aldunate[16] y muchos otros. Está también el general Escala[17] Villagra[18]. Aquí no se ven paisanos, todos son militares.

> *En este miserable puerto lo que extraño es el verde. No se ve una sola planta, ni árbol; todo se reduce a tierra, arena y rocas.*

El veintiséis tuve el honor (¡hem, hem!) de encontrarme presente en el combate del Huáscar[19] contra la Covadonga[20]. Yo estaba a cuatro cuadras de la bahía de guardia en el hospital militar cuando principió el cañoneo. Fue como a las tres y media. Todos los cuerpos se refugiaron en los cerros, como también la gente del pueblo, que permanecieron toda la noche.

12. El transporte chileno Rimac, capturado por la corbeta peruana Unión y el monitor Huáscar el 23 de julio de 1879.
13. Jorge Porter, porteño, amigo de la familia.
14. El alférez José Francisco Balbontín López del regimiento de granaderos a Caballo.
15. El subteniente Eduardo Guerrero Bascuñán del batallón 4° de línea.
16. El aspirante Carlos Aldunate B. del batallón 4° de Línea.
17. El general Erasmo Escala Arriagada, comandante de infantería del ejército.
18. El general José AntonioVillagrán, jefe del estado mayor del Ejército del Norte.
19. El monitor peruano Huáscar, protagonista del combate de Iquique.
20. La corbeta chilena Covadonga, protagonista del combate naval de Iquique.

El Huáscar tiró solo ocho granadas. Dos dirigió al cerro a la tropa, cuatro al Covadonga y las otras las dirigió a los fuertes. El Covadonga le fletó treinta cañonazos, la mayor parte muy certeros. Los fuertes tiraron cincuenta granadas muy bien dirigidas que algún daño se presume le hayan hecho al peruano. La artillería de tierra tiró ciento cinco balazos que algunas muertes habrán hecho en cubierta. El entusiasmo, la gritería y los vivas que aturdían a cada disparo de nuestra parte era espantoso. En el Covadonga murieron dos marineros y tres heridos. En tierra el único daño que causó una granada enemiga fue el destrozo de la cabeza de un perro y el porrazo que le causó el viento de otra granada a un chiquillo, que lo lanzó cómo a cinco varas de dónde estaba. El Huáscar batiéndose y en la plaza principal se fusilaba a un boliviano por gritar en contra de Chile. En una calle un cazador le partía la cabeza de un hachazo a un peruano por gritar ¡viva el Huáscar! En fin, todo era un bochinche. El Huáscar se retiró como a las cinco y media, volviendo al otro día con intenciones de cortar el cable submarino, pero fue inútil.

> *Las balas zumbaban sobre mi cabeza y yo, cual Napoleón o Alejandro, ¡permanecía impasible con la sonrisa en los labios y en el pecho el entusiasmo!*

Las balas zumbaban sobre mi cabeza y yo, cual Napoleón o Alejandro, ¡permanecía impasible con la sonrisa en los labios y en el pecho el entusiasmo!

De la catástrofe gloriosa de la Esmeralda supongo que ustedes ya tendrán noticia. Aquí se inicia una subscrición para elevarle una estatua al valiente Prats [sic].

En cuanto a noticias del interior, nada de particular puedo contarles. Muy luego vamos a marchar sobre Iquique a tomar posesión de él.

Aquí todo es caro, pero no como lo ponderaban. Los cigarros son más baratos que allá. Un atado de dieciocho cigarros vale cinco centavos.

La comida que nos da el gobierno es muy buena y abundante. A las cinco y media a.m. café con un pan (muy buenas raciones); a las diez un pan grande y cazuela de caldo, papas, trigo, y media libra de carne. A las cinco un pan, porotos con harta grasa o charquicán, todo muy bien hecho y condimentado. Por la mañana, antes del café, todo el mundo se baña en el mar, lo que libra a la tropa de epidemias y bichos.

Deseo que me escriban porque las echo mucho de menos. Diríjanme las cartas a este puerto al regimiento Santiago, cuarta compañía del primer batallón, que si yo no les escribo muy seguido será por falta de tiempo.

Dele memorias y un abrazo a cada una de mis hermanas y sobrinas, a Tabito que se venga a acompañarme, de tambor[21]. A Luis que me escriba que no sea flojo[22]. A mis amigos y amigas memorias y usted reciba un beso de su negro.

A las cinco p.m. un pan, porotos con harta grasa o charquicán, todo muy bien hecho y condimentado.

Ignacio

---

21   Tabito o Tavito, su sobrino, hijo de Ignacia Silva y Octavio González.

22.   Luis Silva Varela, su hermano mayor.

Antofagasta, **6 de junio** de 1879

SEÑORA SABINA VARELA DE SILVA

Santiago

Mi querida mamá:

Tres días hace que le mandé una carta y supongo que la tenga en su poder. Deseo que se encuentren buenas como yo.

Le remito la papeleta de mesada que hoy no más nos la entregaron por lo cual no se la había mandado. Esta se presenta a la Tesorería General y se recibe la asignación, volviendo a cobrar la papeleta y… que no se pierda porque entonces… Dios quiera que esos diez pesos, que, aunque es una miseria, le sirvan para aliviar un tanto sus gastos. Le daré la buena noticia que estoy propuesto para sargento primero que entonces ya no serán diez sino quince y ojalá fueran cien que es mi deseo.

> *Dios quiera que esos diez pesos, que, aunque es una miseria, le sirvan para aliviar un tanto sus gastos.*

No hay nada de particular en esta tierra. Habíamos recibido orden de marchar a Calama a resguardarla, pero recibimos contraorden, marchándose el Chacabuco hoy mismo[23].

Hoy fui a visitar la Covadonga, la que está algo averiada y se está componiendo provisionalmente para poder hacer la travesía de este puerto a Valparaíso a componerse en regla.

Noticias de guerra ninguna. Estamos <u>muy</u> enterados.

Don J. Porter está bueno y lo mismo los amigos. No les escribo más porque nos vamos a dormir.

No se les olvide escribirme, que es mi único consuelo.

Hasta muy luego. Memorias.

No pierdan la papeleta.

Su hijo que la quiere,

Ignacio

---

23. El batallón Chacabuco.

Iquique, **6 de junio** de 1879

SR. MANUEL IGNACIO SILVA VARELA

Querido hermano:

Ahora tiempo, creyendo que estabas en Antofagasta, te escribí una carta que supongo debe estar en el correo.

Es preciso que me escribas siempre para así estar en comunicación y saber lo que nos sucede. No dejes de hacerlo y dime donde debo dirigirte las cartas.

Es preciso que te portes bien y no vayas a cometer faltas.

Dime qué ha habido del historiado terno que después le mandé decir que te lo hiciera y no me ha contestado. Cuando supe que te habías entrado de <u>soldadote lesote</u> le escribí a Manuel Venegas para que pusiera un parte desde ese puerto al sastre diciéndole que no hiciera la ropa porque la consideré esta innecesaria. Vete con Manuel y dile si recibió la carta que le escribí y que por qué no ha contestado. Al Alférez Fontecilla[24] de la Artillería que comanda Velázquez[25] si lo ves, porque no me ha contestado su carta y date a conocer como hermano mío, ha sido muy amigo conmigo.

Si vas a Caracoles[26] vete con Domingo Varela, aunque no lo conozco es primo de nosotros y te irá bien, es hermano de la Matilde y María Varela[27].

Esta carta la lleva un amigo, D. Eloy V. Caviedez[28], corresponsal del Mercurio en la Escuadra.

Escríbeme con la dirección al Blanco Encalada[29], Iquique o a donde se encuentre.

Tal vez vamos luego a Antofagasta. Si no vamos pienso mandarte una ropa sucia para que me la mandes lavar, que yo te mandaré la plata y si no puedes hacerlo tú habla con Manuel Venegas a ver si él lo puede hacer para dirigírsela a él o a uno de tus amigos.

Hemos perseguido dos veces al Huáscar la primera … [falta texto] del Callao el treinta por la mañana frente a Iquique lo perseguimos hasta las tres p.m. y tuvimos que volver por la falta de carbón.

---

24.   Gumersindo Fontecilla, alférez del batallón de Artillería de línea.
25.   José Velásquez, comandante del batallón de Artillería de línea.
26.   El mineral de plata de Caracoles.
27.   Domingo, Matilde y María Varela Aguirre eran hijos de Manuel Varela, hermano mayor de Sabina.
28.   Eloy T. Caviedes, corresponsal de El Mercurio de Valparaíso en el frente de guerra.
29.   El blindado Blanco Encalada.

El tres de junio le hicimos otra perseguida, estaba cruzando al sur de Iquique para apresarnos los trasportes; principiamos la caza a las seis a.m. y ya a las once y media lo teníamos a tiro de cañón 4.800 metros y le disparamos un tiro afirmando la bandera.

A las dos p.m. lo teníamos a 4.200 metros y principiamos a darle fuego con los cañones de caza; disparamos catorce tiros siendo estos muy certeros, uno se cree le haya dado, pero por la distancia no pudieron ser más eficaces.

A causa de la distancia que nos ganaba dejamos de hacer fuego y seguimos dando caza. La mantuvimos [falta texto] metros hasta [falta texto] cerca de la una p.m. en que hicimos dos disparos más y viramos por el Sur. Lo correteamos cerca de doscientas millas al Norte y nos pasamos de Arica en su seguimiento.

Cuando le disparamos los catorce él nos contestó con seis tiros siendo todos malos excepto uno que pasó cerca del costado de babor. Botó dos botes y muchos papeles y otros objetos creyéndose perdido.

Estamos en Iquique.

Pon parte a mamá que estoy bueno.

Alejandro Silva V.[30]

---

30.   Por entonces Alejandro Silva era guardiamarina 1º, a bordo del Blanco Encalada.

Santiago, **23 de junio** de 1879

SR. MANUEL IGNACIO SILVA VARELA

Querido Negro:

Tengo en mi poder tus dos cartas que las recibí juntas. Mucho gusto me ha dado saber que estás contento y bueno principalmente. ¡Cuánto le agradezco a Porter los cuidados que tuvo hacia ti! Hazlo presente a él con mil recuerdos de todos que luego iré [ilegible] una visita a la Carolina[31]. Con tener que ir a acompañar al pobre Luis no tengo tiempo de nada.

Él sigue como lo dejaste tirado en la cama, sin poder levantarse todavía. Va estando medio aburridón ya. En cuanto se pueda levantar me lo traigo. El orgullo patrio y tus guapezas que me representas en tus cartas me han hecho reír mucho. Dios te de valor en lo que venga y tenlo presente y no olvides de rezarle al corazón de Jesús, un credo y a la Virgen del Carmen una salve todos los días para que ellos no te olviden tampoco. La novedad del día es el recibimiento de la Covandonga que debe llegar hoy a Valpo [sic]. Muchas gentes de aquí se fueron el sábado porque debía haber estado en ese puerto ayer, pero se quedó en Coquimbo por el mismo motivo. Son preparativos muy grandes los que hay. Recibimiento oficial, particular, arcos tres, banderas, iluminación, etc., etc.

> *El orgullo patrio y tus guapezas que me representas en tus cartas me han hecho reír mucho.*

Aquí se pide que vengan desde el comandante hasta el último grumete para obsequiarlos y celebrarlos. Todavía solo se sabe de un convite a Condell del Club de Septiembre[32] y creo que ese pobre hombre no va a tener tiempo ni de… [sic].

¡Ojalá vea yo llegar a mis hijos buenos y triunfantes! Creo que la batalla no demorará mucho en darse. ¡Ah! No quiero recordarlo. Dios y patria y valor. Tres días ha que recibí cartas de Alejando, está bueno. Se les fue de las manos el Huáscar por falta de carbón y ahora se encuentran en Iquique. Al principio de este mes se recibió Urzúa[33] de abogado y se fue a su casa. Llegó aquí con un hermano muy enfermo de parálisis. Se alojó donde las Camus. Ahora estamos viviendo en una casa la Benaventes N° 6[34]. Tiene mucha comodidad y árboles frutales y me cuesta treinta y cinco pesos. Tiene un cuarto en el pasadizo con ventana a la calle que lo voy a arrendar y me saldrá más barata. Estamos muy

---

31. Carolina Castro Varela, prima hermana de Sabina.

32. Club de Septiembre, constituido legalmente como lugar de reunión y recreo en 1874. Su sede estaba en calle Huérfanos 910.

33.   Arturo Urzúa Rojas, recibido de abogado el 29 de mayo de 1879.

34. Se refiere a la calle Benavente, hoy calle Club Hípico. Corresponde al actual número 358.

centrales porque está más cerca de todo. Estuvieron aquí los Lucos y les di tus recuerdos[35]. Están enrolados en los bomberos armados. Te saludan. De mi tía no he tenido carta hace días.

Aquí estamos todos buenos. Tavito estudiando el ejercicio de fusil para ir a acompañarte, hasta la Adriana y Teresa marchan con él[36]. Aquí ya no se camina, sino que se marcha, por lo que se ve en las calles, con los soldados. Tus hermanas me dicen muchas cosas para ti que seas muy guapo. Yo te encargo la buena comportación [sic] en todo y esto lo hará merecedor no solo de sargento primero … [ilegible] pronto lo serás también subteniente. Por el diario he visto que en esta semana han pagado a las mujeres de los soldados de ese regimiento. En este momento me voy a ver si yo también soy pagada, ha tocado solo a los que tienen boleta. Dios te lo pague.

Salud y felicidad y un fuerte abrazo de todos los de tu casa, en particular de tu mamá,

Sabina

---

35. Los Luco Varela son primos hermanos de Sabina Varela.
36. Adriana González Silva y María Teresa Pérez Silva, sobrinas de Manuel Ignacio.

24 de junio de 1879

SR. MANUEL IGNACIO SILVA V.

Querido Ignacio:

Te he estado esperando todos estos días a bordo y como supongo que no podrás venir, de que no lo has hecho y como yo no he podido ir a tierra espero que te asomes por el muelle mañana a la una p.m. o a las tres y media p.m. en que iré en el bote en comisión. Si puedes venir a bordo ven en una chalupa y si no tienes plata para pagar la chalupa no importa, que yo tengo.

Debes haber recibido una carta mía que te escribí desde Iquique antes que llegaran ustedes y si no, debe estar en el correo. También te escribí otra con un joven Caviedez, corresponsal de El Mercurio que supongo la habrás recibido en estos días.

En fin, deseo verte para preguntarte por qué te dio la locura de meterte de soldado en lugar de haberlo hecho de subteniente. En fin, tú lo quisiste y tendrás que soportar las penalidades consiguientes a tu empleo de subalterno subalternísimo de tus compañeros.

Deseo verte para preguntarte por qué te dio la locura de meterte de soldado en lugar de haberlo hecho de subteniente.

Adiós y espero que nos veremos.

He sabido por mi mamá que te van a hacer sargento primero. En fin, una escala más para no ser subalterno.

Alejandro Silva V.

Antofagasta, **27 de junio** de 1879

SRA. SABINA VARELA DE SILVA
Santiago

Inolvidable mamacita:

Acaba de llegar vapor del Sur y desde que lo divisé se me puso que era imposible que en él no viniera alguna cartita para mí, porque ¡tanto tiempo sin recibir carta suya! habiéndoles escrito yo dos.

Me alegro mucho que se encuentren buenas como yo. Me vieran no me conocerían de gordo y negro que estoy; todavía no conozco enfermedad en esta tierra.

Alejandro, hace como ocho días que se encuentra en este puerto lo cual nos proporcionó la ocasión de abrazarnos fraternalmente y recordar juntos a nuestra querida familia. Está muy bueno y negro como yo. ¡El rosado de nuestros carrillos ha desaparecido! ¡Que hacerle! Me regaló diez pesos, los cuales me sirvieron para comprar algunas cosas que me faltaban. El motivo porque están aquí no se sabe, pero se dice que nos esperan para escoltarnos hasta Iquique que será donde primero conquistaré el deseado laurel. Noticias de guerra no tenemos ninguna y estamos a oscuras.

Una de las cosas porque me apuraba en recibir carta suya, era para saber si había recibido la papeleta de la mesada, que aquí se ha sabido que la mayor parte no la ha recibido. Pero ya estoy sosegado puesto que usted la tiene en su poder.

Siento mucho que Lucho siga sin poderse levantar que tal vez sea un perjuicio para su empleo. Ni Dios que lo pierda.

Mucho siento que santiaguinos y porteños se diviertan a costilla de la enferma Covadonga. Mejor sería que esa plata que van a gastar en banquetes y bullas la emplearan en su pronta reparación que mucho se necesita.

Aquí hay, entre la tropa, gran entusiasmo por la compra de la nueva Esmeralda. Nadie ha dado menos de cincuenta cobres[37]. Así es que han juntado en los diversos cuerpos una respetable cantidad.

¡Yo di... di... cincuenta cobres... como se usa en Versalles!

---

37. Cincuenta centavos.

Dígale a Tavito que aprenda luego el manejo de arma para que venga a acompañarme y para enseñarle guerrilla.

Llegó el otro día una gran pandilla de rotos para engancharlos a los cuerpos y otros con traje de mezclilla y gorros azules, pero creo que se llevaron la mayor parte porque las máquinas de resacar agua no dan abasto para tanta gente.

Me alegro que estén más contentas en la nueva casa, qué ¡quien estuviera en esa, para comer harta fruta!

Cuando vea a las Arcaya dígales que me recomienden al comandante Barceló[38]. El acaba, en este momento, de llegar de esa ciudad.

Dele memorias a todas mis hermanas, a Luis, a los niños, amigos etc., etc., que me escriban que le es muy grato a uno recibir una carta.

Dios quiera que le paguen puntualmente la mesada, que creo le servirá algo.

Voy a concluir, porque se oscurece ya, deseándole felicidad y salud que no se apuren por nosotros que estamos muy buenos.

Un abrazo a mis hermanas y usted reciba un beso de su hijo que desea encontrarse luego a su lado.

Ignacio Silva
Escriban luego
No les escribo en papel de luto porque no tengo.

---

38. El teniente coronel Francisco Barceló, segundo comandante del regimiento Santiago.

Antofagasta, **6 de julio** de 1879

SRA. SABINA VARELA DE SILVA
Santiago

Querida mamacita:

Hace días que espero carta suya, pero hasta ahora no he recibido nada. Deseoso estoy por saber si le han pagado la mesada, porque a nosotros ya nos pagaron y nos descontaron la cantidad asignada; si no ha recibido la cantidad entera (los diez pesos) mándemelo decir para reclamar.

Ayer le escribí una carta a Luis, la cual tal vez llegue junta con esta. He leído en el "Ferrocarril"[39] las grandes y justas manifestaciones hechas a Condell por el pueblo de Santiago. Verdaderamente me conmovió su lectura. ¡Qué versos tan bonitos los de Soffia[40] y Fray Madariaga![41] ¡Qué discursos tan sublimes y llenos de patriótico agradecimiento a Prat y Condell[42] los de Vicuña Mackenna[43]!

¡Quien tuviera oportunidad de leer todos los diarios de esos mundos! Cada semana leo un diario hasta que no le dejo letra que no pase por mi vista. Me entretiene tanto que me parece que estuviera allá.

> *He leído en "El Ferrocarril" las grandes y justas manifestaciones hechas a Condell por el pueblo de Santiago. Verdaderamente me conmovió su lectura.*

No sé dónde estará ahora el Blanco, por eso no le he escrito a Alejandro, ni he recibido carta de él.

El calor cada día es más fuerte aquí. Estoy negro como cochayuyo. Les pienso mandar mi retrato para el otro mes (agosto). Tenemos una <u>fotografía</u> que supongo es muy buena...

Al fin el retrato de Alejandro y el de usted fueron los únicos que traje. No tengo ni el de la Ignacita, ni Tránsito, Eufrasia ni niñitas[44].

---

39. El diario El Ferrocarril de Santiago.
40. El poeta José Antonio Soffia.
41. Fray José Madariaga o F.M., capellán del ejército.
42. Arturo Prat y Carlos Condell, los héroes del combate naval de Iquique.
43. Benjamín Vicuña Mackenna, escritor y hombre público, cumplió un papel destacado en avivar el sentimiento patriótico durante la guerra.
44. Sus hermanas Ignacia, Tránsito y Eufrasia Silva Varela.

En cuanto a marcha o combate no hay ningún indicio, porque eso viene de repente. Dicen que por lo menos estaremos un mes más aquí.

Deseo que me escriban seguido. A la Eufrasia, Tránsito que, si se han olvidado de mi o no creen digno de ellas escribirle a un pobre sargento, que se acuerden que yo soy su hermano sea como se fuere; que me escriban, que no sean flojas. Si algún amigo pregunta por mí, hágame el favor de no decirles nada de mi parte y que se vayan a la... ¡No son capaces de escribir!

Mi salud muy buena como deseo que esté la suya y de todas.

Memorias a todas mis hermanas y sobrinas. A la Elvira y Anita que me escriban[45]. A Tabito si sabe ya escribir, lo mismo. Reciba un abrazo de su negro que desea verlas.

El calor cada día es más fuerte aquí. Estoy negro como cochayuyo. Les pienso mandar mi retrato para el otro mes (agosto). Tenemos una fotografía que supongo es muy buena...

Ignacio

---

45.   Sus sobrinas Elvira y Ana González Silva.

Antofagasta, **10 de julio** de 1879

He estado varias veces en el muelle y no te he visto. Espero que vayas ahora a las 3.30 p.m. Yo voy a esa hora en comisión.

Recibí carta de mi mamá y Tránsito; están buenas.

No dejes de ir.

Alejandro Silva V.

Antofagasta, **10 de julio** de 1879

SEÑORA SABINA VARELA DE SILVA
Santiago

Mamacita:

¡Los vapores no me traen consuelo! Mi familia no se acuerda de mí. Podían aprender de mí, que tan ocupado como estoy me lleno escribiéndoles y acordándome de ustedes; ya van seis cartas escritas y no he recibido más que una. Quisiera no escribirles nunca, para que les diera cuidado y me mandaran preguntar qué es de mí. En fin, ustedes sabrán su cuento, que, aunque no se apuren por este pobre, yo me apuraré por mi madre y hermanas. Supongo que Luis estará muy mejor, que es lo que deseo. Alejandro volvió a este puerto bueno y sano. Me dijo que había recibido carta suya y de Tránsito y que estaban buenas.

Quisiera no escribirles nunca, para que les diera cuidado y me mandaran preguntar qué es de mí. En fin, ustedes sabrán su cuento, que, aunque no se apuren por este pobre, yo me apuraré por mi madre y hermanas.

El principal objeto de esta es cumplir con un mandato de mi capitán Urizar[46] y es que habiendo hablado con él y el capitán Sandoval[47], familiarmente me preguntó el capitán que si no tenía recomendaciones en esa para conseguir una vacante de subteniente aspirante habiendo yo sido cadete. Le contesté que no había hecho empeño ninguno. Me dijo que me ordenaba que hoy mismo le escribiera a Ud. para que hiciera algunos empeños que aquí elevaríamos una solicitud solicitando una vacante que en este cuerpo hay como cuatro. Me dijo que era una barbaridad que estuviera de sargento cuando podía muy bien ser subteniente. Todo está en usted que haga algún empeñito de tantos que tiene. Un sargento segundo que

Usted que tiene tantas amigas de copete que pueden hacer algo. Usted si quiere puede hacer algún empeñito.

fue cadete (un porquería) hizo empeños y ahora lo vemos con su galón. Puede escribirle a Escala, a Amunátegui[48], a Sotomayor[49] y hablar con Villagrán que creo que está en esa.

---

46.   Puede ser el capitán Pablo Urizar, muerto en Dolores en noviembre de 1879.
47.   El capitán José Manuel Sandoval.
48.   El teniente coronel José D. Amunátegui.
49.   El coronel Emilio Sotomayor.

En usted no más está, que es la cosa muy segura haciendo un empeñito. Usted que tiene tantas amigas de copete que pueden hacer algo. El capitán se enojó conmigo y me dijo que era un dejado, que demostraba ocuparme muy poco o nada de mí. Usted si quiere puede hacer algún empeñito.

> *Hoy fuimos (todo el regimiento) con mochilas, caramayolas, morrales y todo equipo, a retratarnos en columna.*

Hoy fuimos (todo el regimiento) con mochilas, caramayolas, morrales y todo equipo, a retratarnos en columna. Los oficiales se retrataron en un grupo. Cuando pueda voy a retratarme yo solo para mandarles el retrato. Parece que será pronta la partida, pero quien sabe dónde.

Alejandro está muy gordo como yo y muy alegre. Cada vez que me ve me echa una raspa.

Voy a concluir deseándoles felicidad a todas y que Luis sane muy pronto. No les mando más decir que me escriban. Si quieren lo hacen sino...

Reciba el cariño de su negro.

Ignacio

Santiago, **11 de julio** de 1879

SR. M. I. SILVA VARELA

Mi querido negro:

Por tu última he tenido el gusto de saber de ti y Alejandro, están buenos, que es cuanto puede complacer a una madre. ¡Qué felicidad que nada te haga mella! Espero en Dios que me los ha de conservar a ambos. En esta casa todos estamos buenos, pero no me faltan novedades porque así es mi suerte. Antes de contártelas te diré: que de la asignación he recibido ya diez pesos. Los primeros cinco el 26 de mayo y pusieron en la boleta que de estimación a ese mes y dijeron que tenían orden de dar solo la mitad. Recibí calladita. Los otros cinco los recibí el 4 del presente y me dijeron que lo que se me había dado antes era de junio, yo argüí diciendo que por qué se me había puesto mayo en la boleta y me dijeron (los dos que pagaban) que la orden que tenían era de dar la mesada de junio, que al haber puesto mayo había sido equivocación y que se les había dicho que el regimiento antes de irse había recibido dos meses. Recibí resignada. Veremos este mes con que saldrán. Esto lo he recibido después de dar muchos [sic] para saber dónde pagaban. Pagaron en el cuartel del Chacabuco. Te contaré lo sucedido en casa.

Hace 16 días que Don R. Costabal me trajo a casa a Enrique Gándara[50] para que yo lo cuidara, diciéndome estaba enfermo de fiebre y salía del colegio a curarse. En la misma noche le llamé médico y al día siguiente cuando volvió descubrió que era la viruela. Ya calcularás el trastorno que habrá habido. Al momento se fue Eufrasia a casa de la Carlota[51]. La I[gnacia][52] mandó a los chicos y su sirviente a casa de la Dolorcita[53], las otras niñitas no han salido del Colegio y las guapas que hemos quedado somos Tránsito y yo. La Ignacia tampoco ha salido, pero solo como se puede decir que duerme no más en casa, pues por lo poco que pasa en ella y también es apestada.

Felizmente el día antes de la traída a casa de Enrique había llegado Daniel[54] a dar su examen para recibirse de bachiller (que ya lo es que fue una suerte). Él es nuestro compañero porque ha tenido que quedarse nomás en casa. La peste ha sido de la más mala. Ahora ocho días estuvo muy afligido, pero ahora ya está fuera de todo cuidado y en la semana entrante se irá a La Hijuela con Daniel.

---

50. Enrique Gándara, de familia porteña, parece haber sido cadete en la Escuela Militar, siendo doña Sabina su apoderada en la capital. R. Costabal es probablemente Ricardo Costabal Campbell.

51. Probablemente Carolina Castro Varela, prima hermana de Sabina, antes mencionada.

52. Ignacia Silva Varela, ya mencionada.

53. Probablemente Dolores Valdés Ugalde, prima hermana de Sabina Varela Valdés.

54. Daniel Pérez Gacitúa, hermano de Antonio, cuñado de Manuel Ignacio.

Tiene una cuidadora, pero siempre he tenido que entrar y entre tres o cuatro veces al día donde él. El Señor me librará de este mal. La aflicción de toda su familia ha sido grande pero su mamá no ha sabido que era la viruela sino después que estaba mejor. En fin, ya va pasando. Son goces que Dios me manda y los recibo con paciencia.

Sobre la guerra la nueva que hay hoy es que dicen que irá Urrutia[55] de General en Jefe y en su lugar quedará Echáurren[56]. Como no salgo a parte alguna más que a ver algunas veces a Luis, no sé más que lo que me dicen los diarios. El pobre sigue sin poder andar todavía, tendrá que principiar a dar pasos con muleta. Hoy he derramado lágrimas al leer una carta de Sánchez (prisionero) haciendo o contando de lo acaecido en el combate de Iquique [ilegible] sin poder ser útiles "a su patria".

Hablé con las Arcaya y te recomendaron antes de que fuera a hablar con Barceló. Ojalá trataras con el cómo te conociera. Yo te consideraba ya sargento primero, pero nada me dices en tu última carta.

Las niñas, Luis, Daniel y los Luco te saludan cariñosos deseándote felicidad. Mucho he celebrado que Alejandro te hubiera dado algo. Tu madre solo te puede enviar sino abrazos.

(Buena conducta pues)

Sabina

---

55.   El general Basilio Urrutia Vásquez, por entonces Ministro de Guerra y Marina.
56.   Francisco Echáurren García Huidobro, Intendente de Valparaíso.

Santiago, **18 de julio** de 1879

Señor Don

MANUEL IGNACIO SILVA V.

Antofagasta

Estimado hermano

Solo ayer hemos recibido tus cartas, mi mamá y yo; la para mí de fecha 5 del presente. Te escribo desde casa a las siete y media p.m., en cama porque acabo de acostarme y con lápiz porque con tinta me sería difícil a causa de mi herida. Esta ha sanado completamente, pero falta mucho para cicatrizar. Como debes de suponer, estaba muy deseoso de estar en mi casa, así que apenas pude levantarme y andar un poco, aunque con mucho trabajo, salí (antes de ayer) del hospital con el pretexto de hacer una visita a casa, porque mi mamá no había ido a verme en tres días. Salí como a las 3 de la tarde y mientras yo llegaba a casa en coche, mi mamá había ido a verme. Volvió, quedeme a comer, pero después me hice fuerte y quedeme a dormir también a pesar de toda oposición pues no querían que me viniera hasta que no se fuera el apestado. Ayer mi mamá me fue a dejar, pero las monjas se habían enojado por no haberme recogido la noche anterior y no quisieron recibirme, con lo que me dieron en el gusto. Todo va bien; he estado en la estación y no hay apuro porque trabaje y el sueldo corre…

Comprendo perfectamente bien que nos extrañes y que la vida de soldado se te haga un poco dura, sobre todo cuando se está estacionado sin gloria, pero confío en que te consuele la idea de que sirves a tu patria y que luego entrarán en actividad para lo que no dudo estarás muy dispuesto.

Comprendo perfectamente bien que nos extrañes y que la vida de soldado se te haga un poco dura, sobre todo cuando se está estacionado sin gloria, pero confío en que te consuele la idea de que sirves a tu patria y que luego entrarán en actividad para lo que no dudo estarás muy dispuesto. Animo valiente para combatir y dejar bien puesto el pabellón. Espero verte condecorado y ascendido.

Mi mamá va a escribir a Escala, el cual puede certificar que hiciste tus estudios en la Escuela Militar y creo fácil que te nombren aspirante a subteniente.

Como yo compro El Ferrocarril todos los días, te los remitiremos, aunque me temo que muchas veces corran borrasca. Igualmente me propongo escribirte a menudo, aunque las cartas llegan siempre con atraso: a Alejandro lo mismo.

Los bolivianos; ¡pobres!... ellos son los que de todas maneras pagarán el pato y más les conviene que ganemos los chilenos que no los peruanos.

Sobre lo que se piensa hacer en cuanto a guerra es inútil que te escriba: los periódicos te impondrán de las muchas bolas que corren, pero un poco de paciencia, que el resultado no se hará esperar mucho. Lo que no cabe duda es que los peruanos están mucho más apurados que nosotros en cuanto a dinero, que es el alma de la guerra. Los bolivianos, ¡pobres!... ellos son los que de todas maneras pagarán el pato y más les conviene que ganemos los chilenos que no los peruanos. Casi la totalidad de las simpatías de las naciones extranjeras están por Chile y el 21 de mayo produjo un alza en los bonos de Chile en Inglaterra.

Con que, pórtate muy bien. Hazte estimar de tus jefes y bátete con bravura e inteligencia.

Tu hermano,

Luis Silva Varela.

El ayudante del General Escala con quien he estado en el hospital luego partirá para esa y llevará noticias nuestras.

Día 19

Hoy reciben cartas en el correo para esa. Mamá escribe. Salen varios batallones de la reserva. Puede que lo que llegue luego haya algo efectivo. Salud y gloria.

Santiago, **19 de julio** de 1879

S. M. IGNACIO SILVA

Mi negro:

Hace dos días que recibí tus dos cartas. Espero que tú hayas recibido una mía y por ella habrás sabido los acontecimientos de esta casa. Enrique está ya más alentado, pero la familia no ha vuelto todavía a casa. Acabo de escribirle al general Escala para que se empeñe por ti y en él espero mucho. Por mi carta habrás sabido ya que he recibido solo una mesada, la de junio, y te explico en mi carta el cómo.

Todas estamos buenas. Mañana te escribiré más largo. Va a ser la hora de echar al buzón esta para que pueda llegar a tus manos pronto. Recibe de cada una de las personas de esta casa un abrazo. Todas te tienen muy presente. Te da un abrazo tu mamá que tanto te quiere.

Sabina V. de Silva

Santiago, **25 de julio** de 1879

SEÑOR MANUEL IGNACIO SILVA VARELA

Mi negrito:

Recibí tu carta de fecha 17. Cuanto gusto tengo que hayas vuelto a estar con Alejandro y hubieras pasado un buen rato con él y sus amigos. A la fecha debes haber recibido mi carta que te escribí algo a la ligera por ocupaciones con el enfermo. Le escribí también a Escala y creo habrá llegado a buen tiempo pues él ha quedado en esa de General en Jefe. Espero que él hará mucho por ti. Ahora pues hijo lo que necesitas es hacerte acreedor al ascenso con tu buen comportamiento, que es lo principal.

Dile a tu capitán que agradezco infinito el interés que toma por ti y lo mismo a Sandoval. Daniel se fue a Valparaíso hace dos días a recibirse de un destino en la Tesorería Municipal y Enrique se fue hoy a San Rafael quedando yo ya libre de sus cuidados. ¡Quién sabe qué otros me mandará Dios! ¡Bienvenidos sean! Luis sigue bien. Tiene tan buena cuidadora y curandera: su madre.

Recibí la papeleta nueva y la cuido como reliquia. Este mes presentaré las dos para que quede arreglado y ojalá cuanto antes en vez de ir a recibir la mesadita entre tanta infeliz, pueda ir a la Tesorería.

Debes haber recibido unos diarios que te envíe. Irritados están y estamos todos con el arrojo de los peruanos. Han llegado hasta Caldera, se atreverán a venir hasta Valparaíso. No lo creo. Infelices de ellos.

Ojalá cuanto antes se decida esta guerra que ya va fastidiando.

¿Por qué no me has contado la gran fiesta que hicieron el día de Nuestra Señora del Carmen para festejar? Y no la olvides. Rézale una salve todos los días.

La pobre Bruna Venegas ha perdido a su única hija a los dos meses de la muerte de Ernesto. Estaba tísica y tal vez las penas acrecentó [ilegible]. ¡Pobre madre!

Ha vuelto a casa la familia de la Ignacia, pero no la Eufrasia. Esta volverá al principio del mes que entra.

Todos estamos sin novedad y todos te abrazan cariñosos igualmente tu madre que no te olvida un momento.

Sabina

Antofagasta, **agosto 8** de 1879

SEÑORA SABINA VARELA DE SILVA
Santiago

Querida mamacita:

Hace unos cuantos días que he estado con la pluma en la mano para escribirles, pero las ocupaciones no me dan tiempo como quisiera para escribirles continuamente. Tengo en mi poder una suya con fecha veinticinco del pasado en la que me avisa que ya está libre del enfermo[57], que, a no dudarlo, bastante la incomodaría, pero que con su carácter bueno y caritativo, sufría resignada. Muchísimo me alegro y ojalá Dios no le mande más sufrimientos para probar su santidad y buen corazón. También me dice haberle escrito al general Escala (actual General en Jefe efectivo). Ojalá se acuerde y haga algo por mí. En el acto que usted tenga alguna contestación o noticia acerca del resultado de la carta, escríbame.

Dios quiera que Luis se mejore del todo luego para que vaya al trabajo. No vaya a suceder que le quiten el sueldo, aunque él me dice que el sueldo corre...

En cuanto a la papeleta nueva, me tenía con cuidado porque no se hubiera ido a <u>pique</u> junto con el vapor. Mándeme decir si le han pagado con puntualidad y sin embrollo.

Los sucesos de Santiago han producido, naturalmente, mucho desagrado en este puerto, y con razón. Una multitud de pijes que tal vez arrastrados por el vapor-chicha, vociferan contra el gobierno y sus ministros...

Muchísimo me gusta la idea de mandarme diarios que me han entretenido bastante y ojalá... no se olvidarán de mandarme otra vez. Pero no me los dirijan a mí porque entonces no los veré. Diríjanselo a Don Carlos Severin, regimiento de línea Santiago, que siendo subteniente se lo entregarán religiosamente[58].

En cuanto a guerra, nada, nada. La pérdida del Rimac nos ha inquietado algo, pero no tanto como a los santiaguinos que por una pérdida de unos diez o veinte mil pesos pretenden hacer derramar sangre hermana y demostrar ante el mundo civilizado que Chile es un país de salvajes. ¡Adónde vamos a parar que todo sea victoria! Dejémosle a los peruanos que saboreen ese plato, que ignoran el veneno que encierra que los conducirá a la muerte.

Los sucesos de Santiago han producido, naturalmente, mucho desagrado en este puerto, y con razón. Una multitud de <u>pijes</u> que tal vez arrastrados por

---

57. Enrique Gándara, que estuvo enfermo de viruela en casa de Sabina.
58. Subteniente Carlos Severin del regimiento Santiago, muerto en Tacna.

el vapor-chicha, vociferan contra el Gobierno y sus ministros; ultrajan con sus despreciables palabras al primer magistrado del país y dándose aires de que todo lo saben y comprenden, cometen un desatino que después les pesará. ¡Badulaques! En lugar de estar cometiendo pijerías en esa capital y empañando la chilena estrella, debían de acordarse que Chile necesita de sus brazos para mantener ileso el tricolor y que esa estrella brille más que nunca.

La fiesta del Carmen fue espléndida el día de nuestra patrona. Desde la diana hasta la retreta flameó el pabellón en todos los cuarteles y casas particulares. Por la mañana se ocupó la tropa en asearse para estar listos para la gran escolta del Carmen. A las once almorzó la tropa sin quererse tocar los labios con la cuchara por no ensuciarse. Después salió franca hasta las cuatro de la tarde que se tocó llamada, acudiendo con prontitud a tomar cada uno su colocación en las filas. A las cinco salió la procesión de la Iglesia escoltada por dos compañías del cuarto y un escuadrón de caballería en medio de los acordes de las bandas de músicas y el fogueo de las salvas de Artillería. Recorrió la población desde la plaza de Colón (o de Armas) hasta la calle de Ayacucho (o Condell) retrocediendo por la calle del Nuevo Mundo. En toda esta extensión se formó calle por los diversos cuerpos de la guarnición.

> *La fiesta del Carmen fue espléndida el día de nuestra patrona (...) A las once almorzó la tropa sin querer tocarse los labios con la cuchara por no ensuciarse.*

Tres magníficas salvas de Artillería unidas al agradable sonido de los cohetes, confundidos con los acordes musicales y las oraciones, daban un aspecto imponente y soberano. Después de retirados a nuestros cuarteles, se nos dio puerta franca hasta las once de la noche, hora en que se toca retreta.

Supongo que ya la familia de Eufrasia estará en casa y que Teresita y Elisita estarán muy grandes[59]. Dele muchos besitos a la Pochocha[60] que si se acuerda de su ñatito. A ninguna de mis hermanas le mando decir nada porque indiferentismo con desprecio se paga. A Luis que si recibió mi carta.

Acabo de estar con Alejandro. Está bueno y gordo. Me dijo que había recibido carta suya. Anteayer llegaron de Iquique con toda la escuadra bloqueadora. Antenoche volvió a salir con dirección al sur, con intenciones de llegar a Caldera, pero tuvo que retroceder por falta de carbón llegando hoy como a las diez a.m. junto con un transporte. Memorias le manda y luego le escribirá.

Reciba usted un abrazo de su hijo que tanto la quiere,

Ignacio.

---

59. Sus sobrinas María Teresa y Elisa Pérez Silva.
60. La Pochocha es el apodo de Sabina Pérez Silva, sobrina de Manuel Ignacio.

Santiago, **8 de agosto** de 1879

SEÑOR MANUEL IGNACIO SILVA VARELA

Mi querido negro:

En el desgraciado Rimac te escribí y te envié diarios. Todos se los llevó el diantre. Nada te diré de lo que se habla por acá porque no tengo tiempo, pero te mando algunos diarios. También te enviaba por el Rimac. Por el mismo buque le escribí a Escala, pero ahora lo hago de nuevo. Dios quiera se entere por ti. Luis está ya yendo a su destino, pero con una muleta y un bastón porque la herida no cierra del todo. Todas las demás buenas. Ya están todas en casa pues han estado fuera excepto la Ignacia y la Tránsito que se quedaron conmigo porque me trajeron enfermo a Enrique Gándara (cadete) y resultó ser la viruela y estuvo muy malo. Alcanzó a estar en casa un mes y se fue a pasar unos días a La Hijuela. Felizmente estaba Daniel que había venido a recibirse de licenciado que fue una suerte para mí.

Te escribo muy de prisa porque no hay más tiempo. Las noticias de hoy son que el Huáscar estaba en Caldera y que llegó el Blanco y lo persiguió sintiéndose tres cañonazos. Quien sabe que habrá habido. Dios quiera agarren a ese gallinazo. Trata de ver al soldado Nemesio Román de la primera del primer de tu mismo cuerpo y dile que su mujer llegó ayer aquí a buscar su mesada porque en Valparaíso no se la dieron, que está buena toda su familia. Yo voy con ella a hacer esta diligencia. Es la ama que crio a la Elena en Quillota, la Domitila. Todas tus hermanas te envían un abrazo y lo mismo tus sobrinos y recibe uno muy fuerte de tu mamá.

> *En el desgraciado Rimac te escribí y te envié diarios. Todos se los llevó el diantre.*

Sabina.

Santiago, **14 de agosto** de 1879

SEÑOR MANUEL IGNACIO SILVA VARELA

Querido negrito:

Últimamente no he tenido carta tuya, solo recibió Luis una que le escribiste. Gracias a Dios que estás bueno. Creí que se habían perdido unas cartas que escribí en vísperas de la salida del Rimac, pero veo que no ha sido así, porque era una para ti y otra para el general Escala y he tenido contestación de este Señor con fecha treinta y uno del pasado. Creyendo yo que se habían perdido le volví a escribir hablándole del mismo asunto, esto es sobre ti y no me pesa haberlo hecho por segunda vez porque había llegado cuando ya sería General en Jefe. Su carta es muy afectuosa diciéndome que por ahora no había ninguna vacante en los cuerpos existentes ahí, pero que te tendría muy presente. Bueno sería que trataras si puedes de ponerte alguna vez a su paso o hacerte presente si te es posible para que no olvide la oferta. Puedes estar a la mira si hay colocación en otro cuerpo y le escribes a Escala. Habla con el capitán Urizar, dale las gracias de mi parte por el interés que se toma por ti y dile que le he escrito ya a Escala, para que te indique lo que puedes hacer, que yo le puedo escribir a los otros jefes. Con la última carta te envíe varios diarios y temo que se hayan perdido porque olvidé avisártelo. Gracias a Dios que ya llegaron las armas. Se dice que con esto pronto entrarán en combate, Dios te salve. Yo estoy un poco constipada, anoche pase mala noche con mucha tos, pero ello pasará. Todos los demás buenos. La tía Carmen como siempre. Un día de estos vi al buen mozo de Bustamante, le di tus recuerdos y me dijo te los correspondiera. Al fin no me has mandado tu retrato ¿cuesta caro?

No puedo escribirte más largo porque tengo la cabeza muy mala, concluyo diciéndote recibas mil finos cariños de tus hermanas y Luis, que sigue mejor, y abrazos del tambor (que anda todo el día dándole a una chocolatera de lata y anchando (sic) la cabeza) y de las seis chicuelitas y un fuerte abrazo de tu mamá.

Sabina

Santiago, **22 de agosto** de 1879

SR. ALEJANDRO [IGNACIO][61] SILVA V.

Mi querido negrito:

Tengo en mi poder tu cartita fecha ocho del que rige y tengo el gusto de saber que tu salud siempre es buena, lo que me llena de contento. Yo te he estado escribiendo seguido y espero que las hayas recibido. En ellas te digo la contestación de Escala y te encargo estés siempre a la mira de algún ascenso para empeñarme yo con los jefes que tú sabes que casi todos me conocen y que no dudo harán algo por mí. Luis sigue muy mejor. Yo le curo la herida todos los días y se va a su trabajo en carro. Sobre el pago a mí ya en otra te digo que me habían pagado por mayo y junio cinco pesos y por julio me dieron diez. Embrollos no les faltan. Te encargo mucho veas al soldado Nemesio Román de la primera de tu mismo batallón [a la vuelta][62] tiempo para cobrarle algún [sic] cuentas ahí que te escribiera preguntándotelo. Ve pues hijo si puedes hacerlo, pero fíjate en que esto es de responsabilidad y que tendrías que cumplir muy bien porque es una confianza muy grande que hace en ti Miguel[63]. Me dijo: su hijo es honrado Sabina. Ya ves lo que has ganado con haberte portado bien el tiempo que estuviste con él. Ve si te encuentras en disposición de hacerlo y avísamelo para contestarle. Memorias a Alejandro y avísame si lo ves. Hace tres o cuatro días le escribí dándole cuenta de mi conversación con Salamanca[64].

En fin, mi hijito, me despido deseando te encuentre esta bueno y recibe un abrazo de tu mamá que no te olvida.

Sabina

---

61. Por la expresión "negrito" y el contenido de la carta, se concluye que esta iba dirigida a Manuel Ignacio Silva.
62. Aunque el texto presenta un salto, lo que sigue está al reverso de la hoja.
63. Miguel Gacitúa, pariente de su cuñado Antonio Pérez Gacitúa.
64. Debe ser el capitán de fragata Domingo Salamanca.

Antofagasta, **29 de agosto** de 1879

SEÑORA SABINA VARELA DE SILVA
Santiago

Mi inolvidable mamacita:

En este momento acabo de recibir su cartita fechada veintidós del que rige, teniendo además otra anterior fecha catorce. Es un consuelo muy grande para mi recibir continuamente carta de mi familia, que ellas me sacan de la duda de si están buenas o no.

Me alegro que el General Escala le haya contestado cariñosamente. En este regimiento hay dos vacantes (o habrán) de subteniente, que serán ocupadas por aspirantes, quedando esas dos vacantes de aspirantes para el más afortunado. Escriba y empéñese con sus amigos y amigas que tal vez se consiga algo. Mucho me alegro que Lucho esté tan mejor gracias a los asiduos cuidados de usted.

De Alejandro no sé desde el veinticuatro del presente, día en que partió el Blanco con rumbo al Sur (más abajo le relataré los acontecimientos acaecidos desde ese día. Puf... puf... qué olor a pólvora... puf...)

Me alegro que el pago de la mesada ande regular siquiera, porque según otras cartas, anda pésimo con otras personas. A nosotros no se nos paga, se puede decir, porque pasan los meses y no olemos ni un cobre. No sé por qué no nos dan esos cobrecitos que nos servirían para comer los buenos plátanos que lo hacen saborear por la calle. En fin... en fin... en fin.

> *A nosotros no se nos paga, se puede decir, porque pasan los meses y no olemos ni un cobre. No sé por qué no nos dan esos cobrecitos que nos servirían para comer los buenos plátanos que lo hacen saborear por la calle. En fin... en fin... en fin.*

Sobre lo que me dice de ganarme esos reales, tengo tiempo demasiado, pero no sé cómo arreglaríamos la cuestión de la remisión del dinero, pues aquí no tengo conocidos que se empeñaran en algo, y giro postal dudo que haya. En fin, contéstele, dándole las gracias por mí parte de los recuerdos que tiene de mí, y que me tiene a su disposición para todo lo que pueda servirle.

El soldado Nemesio Román tengo el sentimiento de comunicarle que se encuentra en estado de perder pronto su pierna. Le salió una espinilla y se rascó hasta formársele una herida cómo de una pulgada de diámetro entrándole gangrena y perderá la pierna. Es un buen muchacho y cuidaré mucho de él. Está curándose en la ambulancia "Salvador" y he ido a verlo. Me dice que le dé las gracias por sus empeños y que luego le va a mandar conmigo la otra papeleta. Los diarios que me dice que me remitió últimamente creo que han corrido borrasca… no he recibido.

Le voy a contar a la ligera, pero con veracidad, lo acontecido. Como anteriormente le digo, el Blanco zarpó el 24 con rumbo al sur; pasó ese día sin novedad. El 25 amaneció algo nublado y el horizonte estaba cubierto por una tupida neblina que no permitía descubrir en el mar objeto ninguno a distancia de una milla. Cuando como a las siete a.m. (ya algo despejado el horizonte) se divisa y reconoce al soberbio Huáscar, que en unión con otro vapor que no se reconoció por haber tomado rumbo al sur recorría nuestras aguas como a distancia de unas cuatro millas de tierra. La población se alarmó un tanto y la tropa, siempre precavida, nos armamos y arreglamos mochilas y morrales, prontos a tomar las de Villadiego en caso de bombardeo. Mas no sucedió lo último, pues el Huáscar después de observar la bahía y alrededores como por espacio de una hora, se dirigió hacia el S.O. donde se distinguía todavía el humo del otro vapor. Pasó el día sin ninguna otra novedad. El día veintiséis y veintisiete sucedió otro tanto, nada de particular y nada en el horizonte que demostrase andar el Huáscar o la presencia del Blanco o algún vapor del sur en que me llegaran cartas… nada, nada. El día veintiocho, amaneció muy bien; todo se hizo como de costumbre.

Ya no hay duda que es el Huáscar. La artillería se prepara, los fuertes se engalanan con aceitadas granadas y bombas, y la gente tímida, mujeres y niños se dirigen a vapor hacia el cerro, refugio de pecadores.

La tropa salió franca a las diez y media y yo me dirigí al muelle, donde paso muy divertido con tanto movimiento de lanchas etc., etc., cuando como a las doce y media se divisa hacia el S.O. un humo que viene con dirección al puerto. El vigía con su anteojo se equivocó reconociendo vapor mercante y tocó siete campanadas. Mas, ya muy cerca, dicho vapor vuelve a sonar la campana del vigía, pero en lugar de siete campanadas son ocho dobles. ¡Ola! ¡Ola! ¡Buque de guerra! ¡Buque de guerra al muelle señor! Hay que advertir que como a dos millas hay un barco a la vela que no puede tomar viento. En el acto el buque se dirige al barco y lo detiene. Ya no hay duda que es el Huáscar. La artillería se prepara, los fuertes se engalanan con aceitadas granadas y bombas y la gente tímida, mujeres y niños se dirigen a vapor hacia el cerro, refugio de pecadores.

Mientras tanto el Huáscar registra los papeles del barco (que era francés); esto es como a la una y cuarto. Se oye generala en todos los cuarteles; tambores y cornetas llaman a los soldados a su puesto. Yo me dirigí a mi cuartel. Los navales, en lanchas, estaban con hachas y chuzos para estar prontos para el abordaje. Entre tanto el Huáscar ha dejado el barco y se dirige con cuidado a los torpedos hacia la bahía. Apenas enfrentó al Abtao[65], este le fletó un <u>follonázo</u> (término soldadesco) [sic]. Los fuertes del sur y centro hacen otro tanto. El Huáscar larga su primer disparo sobre el Abtao sin causar la bala ningún daño, solo a las rocas donde reventó. Entonces principió un fogueo sublime que hacía temblar la tierra. El cañón de a trescientas ¡qué lástima! Al primer disparo se desmontó yéndose de espalda y quedando inútil por el momento. Como a las dos cuarenta se suspendió el combate para refrescar la gente. Hasta esta hora el Huáscar solo había disparado once cañonazos y veintidós de la Magallanes[66], Abtao, fuertes y artillería menor. A las tres diez empezó de nuevo el fogueo, con certeros balazos por ambas partes, suspendiéndose de nuevo como a las cinco y media p.m.

Resultado: el Huáscar tiró veintiocho tiros entre granadas y balas, reventando dos de las primeras muy cerca del fuerte del norte sin causar daño. Una bala de a trescientos dio cerca de una máquina de resacar dando bote y yéndose a enterrar en el cerro y dejando una zanja como de un metro de largo y media vara de profundidad. Otra granada reventó en la obra muerta del Abtao, haciéndosela pedazos y causándole muertos y heridos. Otra granada más reventó en el interior del mismo causando estragos. La *Magallanes* salió ilesa. De tierra se dieron buenos balazos y se cree hayan hecho daño, puesto que hoy los navales salieron en botes al lugar donde estuvo el Huáscar y encontraron un gran tablón y cinco gorras de marineros.

El número de muertos ascendió a once en el Abtao y trece heridos. En tierra y demás buques no hubo novedad. Entre los muertos dicen que se encuentra el teniente primero Rondizzoni[67] y entre los heridos, el teniente segundo Krüg[68]. El Huáscar se retiró a las ocho de la noche con rumbo norte. De tierra tiraron como noventa y tres tiros y no sé el número del Abtao y Magallanes. El Limarí y Paquete de Maule[69] están bajo baterías. Se pasó la noche sin novedad. Los heridos están en las ambulancias.

---

65. La corbeta Abtao.

66. La corbeta Magallanes.

67. Probablemente el capitán de fragata Francisco Rondizzoni.

68. Carlos Krug, teniente segundo del Abtao.

69. Limarí y Paquete de Maule, ambos buques de la Compañía Sudamericana de Vapores, prestaron servicio como transportes.

Día veintinueve amaneció con un vapor a la vista del norte. y otro del sur. El primero era inglés y el otro... ¡Qué casualidad que el Huáscar no le hubiera quitado toda la correspondencia y víveres que nos traía! A estas horas no sabría todavía de ustedes.

Se me había olvidado decirle que estamos en misiones por el capellán Fontecilla[70], que todas las noches nos predica y creo que pronto nos confesaremos. ¡Confianza que por acá me ha entrado la santidad! Después le escribiré más sobre el combate último que ahora no hay más papel. Memorias a todo el mundo que se acuerde de mí, que yo no me acuerdo más que de mi familia. Voy a escribirle a Alejandro.

Deseo que se encuentre buena y reciba el cariño de su hijo que no la olvida.

En este momento viene entrando el Blanco del sur.

Ignacio Silva Varela
Cuando haya <u>mónis</u>[71] me retrataré,
que ahora estoy muy buenmozo que da lástima.

---

70. El presbítero Florencio Fontecilla, primer capellán del ejército.
71. Dinero.

Santiago, **12 de septiembre** de 1879

SEÑOR MANUEL IGNACIO SILVA VARELA:

Mi hijito, temo que esta no llegue a tu poder porque creo no debes estar ya en Antofagasta. Te la dirijo a Tocopilla donde dicen que los han llevado.

Continuamente te recuerdo y te encomiendo a la Virgen Santísima. Hoy estoy triste, muy triste, y por esto solo te escribiré muy poco y solo para decirte que estamos todas buenas. Escribe hijo para saber tu paradero y cómo te va. Mucho he sentido la enfermedad del marido de la Domitila[72], ya le escribí pero no le digo nada que tal vez tengan que cortarle la pierna por no afligirla más. Te envío cinco "ferrocarriles" por si llegan a tus manos te entretengas algunos ratos. A Alejandro le mandé los de esta semana.

Todos estamos sin novedad y todos te abrazamos fuertemente, incluso la chiquillería, que no es poca. Luis sigue muy mejor y te saluda.

Adiós mi hijito, hasta luego.

Sabina

---

72. Nemesio Román, antes mencionado.

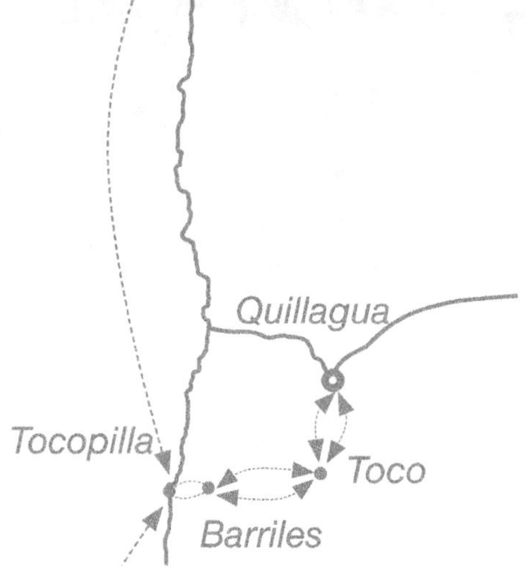

Quillagua

Quillagua[73], **15 de septiembre** de 1879

SEÑORA SABINA VARELA DE SILVA
Santiago

Querida mamacita:

¡Quien creyera que nos encontramos tan distantes de la mañana a la tarde! Estábamos el dos del presente en Antofagasta y el cuatro desembarcábamos en Tocopilla, para que el siete, alistadas las carretas, mulas y víveres nos pusiéramos en marcha para atravesar treinta y tres largas leguas de árido desierto y llegar a este punto, o más bien a este oasis en medio de tan espantoso y abrasador desierto.

Como le digo, zarpamos de Antofagasta en el Itata[74] convoyado por el Blanco, el tres del presente, en la noche, todo el regimiento con destino a Tocopilla, donde llegamos el cuatro al amanecer. La navegación fue sin novedad. Una vez anclados en Tocopilla, los botes del Blanco remolcaron lanchas para desembarcar la tropa. En uno de esos botes andaba Alejandro y toca la casualidad que la lancha donde yo iba la iba a remolcar él. Apenas me vio me llamó y me fui con él en su bote. Se ha portado muy bien conmigo; me dio otros diez pesos acompañados de sus consejos. Me dijo que usted le había escrito y que la familia estaba buena. ¡Gracias a Dios!

Nos despedimos como para no volvernos a ver quién sabe hasta cuándo, puesto que yo le dije que muy luego marcharíamos al interior. El Blanco y el Itata dejaron su fondeadero el cinco en la tarde tomando rumbo sur.

Tocopilla es una caleta muy fea, al pie de sombríos cerros que le dan un aspecto muy triste. En cuanto a los edificios hay algunos muy bonitos. Se distinguen la iglesia toda pintada de celeste hasta la torre, de forma sencilla y bonita, ocupada hoy por la Brigada de Artillería de marina haciendo las veces de cuartel, y el hotel de forma suiza con un hermoso corredor en su frente.

En cuanto a carestía, un pan cuesta diez soles, saquen la consecuencia. Alojamos en carpas en un corral del hotel.

El seis recibimos la primera del primer y la cuarta del primer orden de marchar el siete a las cuatro de la mañana con dirección a Toco[75] veintidós leguas bolivianas al interior (es de advertir que una legua boliviana se compone de cuarenta cuadras chilenas). Efectivamente el siete al amanecer oímos

---

73.   Aldea de Quillagua, en la ribera norte del rio Loa.
74.   El vapor transporte Itata.
75.   Toco, aldea a 89 km. al este de Tocopilla.

la voz del comandante Barceló que nos despertaba para ir al rancho a recibir ración para tres días. He aquí la ración: dos panes grandes, una libra de carne cruda, tres trozos de carnes cocida (como libra y media), dos libras de galletas chicas de agua y una caramayola de agua. Le advierto que la marcha iba a ser a pie y con mochila, morral con víveres, rifle completo, manta de campaña y capote, en fin, un peso enorme.

¡Una caramayolita de agua para seis leguas de camino con un sol abrasador! ¡Qué le parece!

Partimos a las cinco de la mañana acompañados del comandante Barceló, el ayudante Silva Arriagada[76], el capitán Urizar, el teniente Aravena[77] y seis subtenientes de las dos compañías. Marchamos todo el día siete sin novedad, descansando cada media hora de marcha, llegando a las siete de la tarde a la posada de los Barriles[78], seis leguas distantes de Tocopilla. Dichas seis leguas fueron un camino muy pesado puesto que era de repechada por cerros y quebradas.

La noche la pasamos en la antedicha posada haciendo la tropa su comidita ahí mismo. Tocándonos diana al aclarar para volver a continuar la marcha tan pesada como aburridora. Nuestras caramayolas las refrescamos en los barriles donde nos surtieron las carretas con agua[79]. ¡Una caramayolita de agua para seis leguas de camino con un sol abrasador! ¡Qué le parece! Continuamos la marcha llegando a la posada de Las Casas a las cuatro y media p.m., diez leguas distante de Los Barriles. La diferencia que se nota en la marcha del primer día (seis leguas) a la del segundo (diez leguas) es muy sencilla: el primer día marchamos de repechada y el segundo de bajada por un terreno plano en pampa. El señor Barceló dispuso marchar de noche en vez de día porque la tropa se maltrata menos y la sed era menos apremiante y se avanzaba más, por no molestar el calor del día, y el frío hacia que los soldados continuasen sin interrupción. En efecto partimos de Las Casas a las siete de la tarde marchando toda la noche y llegamos a Toco a las ocho de la mañana del otro día. En Toco, punto distante veinticuatro leguas de Tocopilla, almorzamos y comimos, descansando la tropa todo el día.

Toco es un punto muy solo y feo. Los cuatro ranchos de totora arrojados en medio de un desierto de salitre y sin agua. Esta para tomarla hay que ir al Loa (seis leguas distantes) y tomarla salobre. Hay puntos del Loa que el agua es más salobre que en otro; pero ahí en Toco es muy salobre. Cuatro compañías de la artillería de marina resguardan ese punto.

---

76. El mayor Matías Silva Arriagada, del regimiento Santiago.
77. El teniente Aravena del regimiento Buin, herido en la toma de Pisagua.
78. Los Barriles, actual estación en la línea de ferrocarril a Toco a 27 km. de Tocopilla. La posada homónima parece estar vecina.
79. Lugarejo vecino a la estación Los Barriles a 13 km. al este de Tocopilla.

Partimos de Toco a la oración, pero no sin desgracia. Venía una carreta cargada con municiones y víveres y en ella venían varios soldados de los más cansados o enfermos. Al partir, dicha carreta se da vuelta en una barranca con soldados, carga y todo, viniéndose la carga encima de los pobres soldados. Vinieron dos compañías de la marina y pudieron con trabajo sacar a seis soldados aturdidos y muy maltratados. El capellán y la ambulancia prestaron los auxilios necesarios. Ahora se encuentran buenos ya.

Marchamos toda la noche llegando a Quillagua, nuestro destino, al otro día a las diez de la mañana.

Después de atravesar treinta y tres leguas de salitre y molestados por el calor, sed, hambre, cansancio y llegar a un punto donde todo es verdura, todo es bello. Un bosque inmenso a la orilla del cristalino Loa, ¡fresca sombra donde tirarse a descansar fue lo primero que se presentó a nuestra vista!

Quillagua es un encantador oasis a la orilla del célebre Loa. Carece de población, pero abunda de patos, pajaritos, baños donde refrescarse. De noche el campamento se alumbra por inmensas fogatas que los soldados prenden. Estamos muy cerca del enemigo y dicen que esperamos refuerzos de infantería y artillería para marchar sobre Huatacondo[80], Noria[81], Soledad[82]. Hay sesenta cazadores y nosotros que somos como 248.

Después de atravesar treinta y tres leguas de salitre y molestados por el calor, sed, hambre, cansancio y llegar a un punto donde todo es verdura, todo es bello.

La comida es mala por la escasez de carne.

Yo estoy cada día más gordo y bueno, solo algo aburrido y con ganas de irme a mi casa al lado de mi madre.

Escríbame a Tocopilla, regimiento Santiago, cuarta del primero.

Voy a concluir con un ¡viva a Chile! por el aniversario de la independencia y deseándoles felicidad y reciba un abrazo de su hijo que anhela estar en su casa.

Ignacio Silva Varela

---

80. La aldea de Huatacondo o Guatacondo en la quebrada homónima.
81. La aldea de La Noria a 56 km. de Iquique.
82. Soledad, terrenos salitrales vecinos al cerro homónimo.

Quillagua, **23 de septiembre** de 1879

SEÑORA SABINA VARELA DE SILVA
Santiago

Mi querida mamá:

Ayer tuve el gran gusto de recibir una suya con fecha 12 del presente en la que me dice que están todas buenas, de lo que me alegro infinito. Además, me dice que se encuentra muy triste, considero muy natural que una madre tenga sus momentos de amargura al ver a dos de sus hijos separados del seno de su familia a tan gran distancia, mas confío en su firmeza de ánimo, que siempre la ha asistido, que sabrá llevar con resignación tan justo sentimiento, sentimiento nacido del amor de madre y de su corazón tan noble como… [rotura]…to. ¡Créame, madre querida! Qué horas bastante amargas he sufrido desde el día que me separé de usted, pero ese impulso de amargura se disipa al solo pensamiento de que muy pronto tendré el placer de abrazar a mi madre y hermanas.

Le ruego, mamacita, que nunca me escriba cartas tristes porque para un pobre soldado que sufre toda clase de privaciones, sufra también moralmente, es de partírsele el corazón. Dios nos dará resignación hasta el día que nos encontremos unidos en nuestra casa.

> *Le ruego, mamacita, que nunca me escriba cartas tristes porque para un pobre soldado que sufre toda clase de privaciones, sufra también moralmente, es de partírsele el corazón. Dios nos dará resignación hasta el día que nos encontremos unidos en nuestra casa.*

Supongo que tenga en su poder una que le escribí desde este pueblo, en la cual le relato el largo viaje al través del desierto. A Alejandro le mande otra sobre el mismo estilo. Otra más, le mandé de Antofagasta rezando el "Vía Crucis". A la Tránsito, en la cocina comiendo papas o haciendo chircan [sic] de harinas o tendida en su cama haciéndole respingos a su madre y a las chiquitinas en el colegio. Amén.

A Tabito dele muchos besos de mi parte y a cada una de las niñitas, que me escriban, que se acuerden de su tío ñato.

Usted reciba el cariño de su negro que desea mucho verla. Memorias a Luis y que me escriba. ¿Qué es de David Montané?[83] Dele recuerdos míos. Su hijo.

Ignacio

P.D. Mándeme decir si ha recibido sus mesadas completas y no deje de hacer empeñitos por mí.

---

83. David Montané, amigo de Manuel Ignacio, que vive en la casa de la familia.

Quillagua, **2 de octubre** de 1879

SEÑORA SABINA VARELA DE SILVA
Santiago

Mi querida mamá:

Mi primer pensamiento en mis momentos desocupados, es escribirles dándoles a saber de mi salud, siempre de fierro, y de nuestro paradero. Tal vez tenga ya en su poder mi última en contestación a una suya que me dirigió a Tocopilla.

Estamos todavía acampados en este bello lugar, pero al otro lado del Loa, es decir, al norte de este río. El motivo por el cual mudamos de posición es el de haber descubierto varias huellas de animales que, según declaraciones, eran internados a Huatacondo, guarida de peruanos. Se han tomados muchos cholos prisioneros y con ellos animales y víveres, mas se les echó en libertad, reteniendo solamente a un tal Caruncho, especie de cacique muy rico al cual se le remitió a Tocopilla con toda su familia. Últimamente los exploradores del desierto tomaron a tres individuos, uno argentino, otro boliviano y un negro peruano, representantes de los tres rivales. Se dice que se les ha sorprendido correspondencia. El comandante los hizo confesarse y están en capilla como para fusilarlos. Quien sabe el resultado.

Antenoche llegó aquí el coronel Señor Arteaga[84] (hijo del general) viniendo a tomar el mando de la fuerza efectiva y disponible existente en este campamento. Se comenta mucho su venida y hay revelaciones importantes. Se dice que han llegado a Antofagasta nuevos buques conduciendo toda la reserva; que el regimiento *Esmeralda* vendrá luego a relevarnos, y que nosotros dentro de quince días volveremos de nuevo a Tocopilla porque así conviene al plan de guerra últimamente aceptado y es el siguiente. El Perú se ha concretado a fortificar cuanto puerto o caleta existe al sur del Callao abandonando las caletas existentes al norte de ese puerto creyendo que nosotros no los atacaremos nunca por el norte. Pues Chile se ha fijado en eso y ha meditado un plan de ataque magnífico. Mandará el ejército de avanzada a desembarcar en una de esas caletas indefensas del norte y avanzar sobre Lima y el Callao por el interior, que se encuentran casi sin resguardo porque Chile ha estado llamándole la atención al Perú, por el sur, donde ha concentrado todas las fuerzas esta última nación. El ejército de reserva obrará por el interior, confundiendo al Perú entre dos fuegos y asegurando así nuestra victoria. Por esto, como nosotros formamos parte del ejército de avanzada marcharemos a Tocopilla a reunirnos con la demás fuerza

---

84. El coronel Luis Arteaga.

que obrará al norte. Nuestro regreso se efectuará dentro de quince días, viniendo en nuestro lugar uno de los regimientos de reserva. Es un precioso plan que a ser efectivo tendremos segura la victoria y el fin de la tan ya molesta guerra. El ejército obrará por el norte y por el sur y la marina obrará por el centro, bombardeando y destruyendo caletas etc., etc., y la confusión de los cholos los obligará a pedirnos perdón de rodillas.

Ojalá que se efectúe dicho plan, para que así tengamos el placer de celebrar nuestra gloria en nuestra casa al lado de nuestra madre y familia el primero de enero de 1880.

A Alejandro no le escribo por falta de papel y le ruego que cuando pueda entre medio de diarios me mande papel y sobres que mucho le agradeceré. Esto lo debía hacer don Luis, el mayorazgo que no escribe nunca, pues yo tampoco le he de escribir ni a él ni a las ninfas de mis hermanas... ¡Flojonazas!

En cuanto a ascenso nada hay todavía. Vacantes hay unas cuantas y no sería malo que usted se lo hiciera presente al general Escala.

Deseo pues, que todas estén buenas como yo, y voy a concluir porque luego parte el propio y no quiero quedarme mirando la luna.

Escríbame seguido que mucho me place. Memorias a todas y todos, a David[85] y usted reciba el cariño de su negro que no la olvida.

Ignacio

---

85. David Montané.

Quillagua, **6 de octubre** de 1879

SEÑOR ALEJANDRO SILVA VARELA

Mi querido hermano:

Siempre aprovecho la oportunidad para escribirte y con esta ya van dos. Supongo que la otra la tendrás en tu poder. Recibí una de mi mamá por la cual sé que están buenas. Yo estoy lo mismo que siempre, aunque algo aburrido y ahora he venido a comprender el grandísimo disparate que cometí al meterme de soldadote, pero... ¡qué hacerle! Tragarme el anzuelo. Mi familia parece que muy poco o nada se interesa por mi suerte porque de otra manera ya hubieran hecho empeño para lograr mi ascenso o sacarme de paisano. ¡No importa! En ti es en el único que confío.

Yo estoy lo mismo que siempre, aunque algo aburrido y ahora he venido a comprender el grandísimo disparate que cometí al meterme de soldadote, pero... ¡qué hacerle! Tragarme el anzuelo. Mi familia parece que muy poco o nada se interesa por mi suerte.

Sobre guerra poco a poco se adelanta algo. Anoche partieron de aquí 225 hombres del regimiento a cargo del mayor, el capitán Urcullú[86], capitán Sandoval, un teniente y tres subtenientes, más quince cazadores a caballo con el alférez Almarza[87], con cien tiros cada uno y provistos de víveres para ocho días, pero no sabemos sobre qué punto han marchado. Dicen que después nos marcharemos a Tocopilla para embarcarnos y navegar hacia el norte; otro, que daremos un asalto a Huatacondo; otros, que no nos moveremos hasta... ¡bóbilis! ¡bóbilis!

Se dice que ya la paz está asegurada y que pronto regresaremos a nuestro país. ¡Dios lo quiera!

Yo, Alejandro, ya no hallo qué hacer. Estamos aquí estancados padeciendo y nada se avanza y la desesperación se va apoderando de mí. En ti espero que hagas algo por mí que cuando llegue al colmo mi fastidio... ¡quién sabe!

Yo, Alejandro, ya no hallo qué hacer. Estamos aquí estancados padeciendo y nada se avanza y la desesperación se va apoderando de mí. En ti espero que hagas algo por mí que cuando llegue al colmo mi fastidio... ¡quién sabe! Tú sabrás interpretar mis sentimientos, que harto tiempo los he tenido comprimidos y ocultos tanto a mi madre como a ti, pero ha llegado el momento

---

86.   Abelardo Urcullú, capitán ayudante del regimiento Santiago en 1880.
87.   El alférez Agustín Almarza del cuerpo de Cazadores a Caballo.

de estallar y a ti solo te lo revelo, porque eres mi hermano mayor que me has demostrado un poco de interés. A mi mamá nada le digo por no afligirla, ¡mas temo que llegue el momento terrible en que me veré obligado a hacerlo! ¡Caramba! ¡Dios me haga abandonar una funesta idea que mi mente concibe!

Pasemos a otra cosa. Veo con pesar que tú no me escribes siquiera para saber de tu salud. ¡No importa! ¡Gocen ustedes que para mí se hizo el padecer! Mas no quiero continuar porque me es imposible.

Deseo que te encuentres bueno y que me escribas, aunque sea una sola palabra. Se despide tu hermano desgraciado.

Ignacio

P.D. Dispensa que te escriba en este sentido, pero no he podido guardar silencio.

Santiago, **11 de octubre** de 1879

SEÑOR MANUEL IGNACIO SILVA VARELA.

Mi negro inolvidable:

Tengo en mi poder todas tus cartas y como te digo en mi anterior las celebramos mucho y las leo y las releo celebrando que te conserves tan bueno. Hoy te escribo con contento, pero no lo tendré completo hasta que no los vea y les dé un fuerte abrazo. La noche antes de la toma del Huáscar recibí carta de ambos para que dijera "Viva Chile" con más ganas.

Ya supongo que tú sabrás el gran acontecimiento. Yo lo supe de las primeras por casualidad y me fui con la Carlota (pues estaba en su casa) a la plaza de la Moneda a tomar parte en el regocijo y de que vi izado el pabellón brillando su estrella puesto en el Palacio, tomé un coche y me vine a dar la noticia a casa donde nada sabían. Todo se ha juntado, la nueva cañonera llegó sin novedad. La rendición del Huáscar, los buenos acontecimientos de por allá que tú me cuentas y se dice hoy que Mr. Thompson ha tomado un transporte peruano, no sé si será bola[88].

Muchas personas de acá se aprontan para ir a ver al Huáscar y que dicen se llamará Arturo Prat.

Todo el mundo de por acá está de plácemes, pero también todos sienten la muerte del bravo y caballeroso Grau[89]. Deseamos con ansias detalles más ciertos del combate y más particularmente deseo carta de mi negro o más diré verlo y abrazarlo pues dicen que pronto estarán en Valparaíso. Muchas personas de acá se aprontan para ir a ver el Huáscar y que dicen se llamará Arturo Prat.

En esta casa todo sigue como tú lo representas en tu carta con la diferencia de que esta es más extensa y los niños tienen donde correr como lo están haciendo en este momento y a más estamos acompañados con una señora y dos hijos, mujer y hombre, que residen en una hacienda y que ahora viven en casa para que la niña aprenda el piano con la Ignacia y el joven menor que tú estudia para inscribirse de bachiller. Es poco lo que pagan [… ilegible] ayudarme pues

---

88. Manuel Tomás Thomson, por entonces comandante del Amazonas.
89. El almirante Miguel Grau, comandante del Huáscar en el combate de Angamos.

lo que tenemos no alcanza para sustentarnos por la carestía de todos. Solo en azúcar gasto sesenta centavos diarios y poco menos de pan. Es una buena señora y lo mismo los jóvenes. La [… ilegible] 16 años.

David está bueno te manda decir muchas cosas. Las Pérez y Gacitúas me preguntan siempre por ti y el día de San Miguel comí con tu antiguo patrón.

Luis dijo que te iba a escribir. No dejes de preguntar si te llegan diarios porque te los envía don Gustavo Gerkens siempre. Tus hermanas te abrazan cariñosas y los niños no te olvidan y recuerdan siempre al ñato.

Ahora que quedo temiendo los acontecimientos que ocurrirán, porque parece seguirán por tierra y espero que Dios te guarde hijo de mi alma para verte por acá más pronto de lo que tú crees.

Repitamos pues "viva Dios y viva Chile" y [… ilegible] resignación.

Te abraza fuertemente

Sabina

Santiago, **3 de noviembre** de 1879

SEÑOR MANUEL IGNACIO SILVA VARELA

Mi negro inolvidable:

Hace un mes que no recibo carta tuya. ¿Por qué no me has escrito? No sé dónde te encuentres pero que estarás ya fuera de Quillagua donde habrán estado bien fastidiados solo esperando. Hoy recibí carta de Alejandro y me dice que ya debes estar a esta hora fogueado porque supónese hayan tomado a Iquique ¿y tú? Dios te conserve bueno. Yo no creo todavía eso, pero si considero pronto un desenlace. Están saliendo y salen muchas tropas para Valparaíso para marcharse y [Alejandro] dice que mañana sale el Blanco y en él sé que irán. La toma del Huáscar considero la habrán celebrado mucho. Yo fui a celebrar en la Plaza de la Moneda porque estaba donde la Carlota y lo supe temprano. Después me fui a Valparaíso a darle un abrazo a Alejandro. Estaba ahí cuando llegó el Huáscar y logré todas las fiestas. Después me vine a Viña del Mar donde estuve un día y una noche en casa de Anita Wierbet. Me fui a Quillota, después a San Rafael donde estuve tres días, me volví a Quillota y después de doce días volví a mi casa después de haber gozado de las caricias de mis parientes y amigas y del perfume de las mil flores que me hacían gozar tanto. En mi casa las encontré a todas buenas y contentas con que yo hubiera gozado de felicidad esos pocos días. Se completará viendo llegar a mis dos hijos queridos buenos y victoriosos.

¿Qué te diré pues, hijo? Muchas y muchas cosas de tus hermanas y de Luis que te batas como buen chileno con valor. Todos me preguntan por ti con interés. Los niños todos buenos, Gacitúas y Pérez[90] te envían sus recuerdos.

A cada momento estas en mi mente. No olvides a Nuestra Señora del Carmen que es en la que esperamos que por su intercesión ganemos esta guerra con pocas pérdidas de vidas. Rézale una salve todos los días. Nada más te diré y te abraza con afección tu madre.

Sabina

---

90. Debe ser la familia de Antonio Pérez Gacitúa, yerno de doña Sabina.

Tocopilla, **9 de noviembre** de 1879

SEÑORA SABINA VARELA DE SILVA
Santiago

Inolvidable mamá:

Por el encabezamiento de esta verá que ya hemos abandonado el Loa[91] para tomar en este puerto un vapor que nos conduzca al Perú. Deseo que se encuentren todos buenos y felices, que mi salud se encuentra como siempre inalterable.

Partimos de Quillagua con dirección a este puerto el primero de noviembre a las cuatro de la tarde solo el primer batallón, tomando un camino mucho más recto y que nos pondría en Tocopilla en dos días. La marcha se ejecutó de noche como se acostumbra, sin novedad alguna y con agua suficiente para satisfacer la necesidad, llegando el tres a las dos de la tarde, saliéndonos a recibir el primer batallón del regimiento Lautaro que se encuentra en este puerto.

Anteayer llegó vapor del norte trayendo la noticia de las fuerzas que marchaban al norte habían desembarcado en Pisagua, tomándose este puerto después de sostenido combate. Se dice que ha muerto mucha gente de ambas partes. No esperamos al segundo batallón para marchar al norte a unirnos a nuestros compañeros.

El Blanco creo que está en Valparaíso y según eso Alejandro tendrá la felicidad de verlas. Deseo que me escriban continuado para estar tranquilo, que no extrañen que yo no les escriba muy a menudo a causa tal vez de la poca facilidad.

Voy a concluir por falta de tiempo deseándoles felicidad. Dele memorias a toda la familia y a Don Gustavo Gerkens infinitas gracias por los diarios que siempre recibo muy bien, y usted reciba el cariño de su hijo que no la olvida.

Ignacio Silva Varela

---

91. Parece tratarse del valle del rio Loa y no el vapor chileno Loa que transportó fuerzas chilenas a Pisagua, por cuanto Manuel Ignacio Silva hizo el recorrido por tierra.

Tocopilla, **12 de noviembre** de 1879

SEÑORA SABINA VARELA DE SILVA
Santiago

Mi inolvidable mamá:

Considero que a estas horas tendrá en su poder una anterior en la cual le comunico nuestro regreso a este puerto y la feliz travesía de sesenta leguas de desierto. En todo el viaje no tuvimos que lamentar fatiga alguna fuera del natural cansancio que nos dominaba. Regresamos por otro camino enteramente distinto, siendo muchísimo más corto y cómodo, solo con la diferencia que carece de huella para carretas por ser muy variado el camino, existiendo en varias partes quebradas con camino que hay que desfilar de a uno en uno. En la primera noche de viaje nos visitó un fuerte temblor que duró como 3 minutos viéndose el jefe obligado a hacer detener la marcha. La luna nos acompañó muchísimo haciéndosenos menos monótono el viaje. Supongan ustedes unos 400 hombres marchando en cuatro filas con rifle, fornitura, un rollo a la espalda conteniendo una frazada, una tela de colchón, una castilla[92], con gorros de brin (de campaña) con sombra para el sol que cubre toda la espalda, unos cantando, otros hablando o peleando o renegando, por haberse entrado de militar. A ambos lados de la fila infinidad de mulas, burros, caballos conduciendo a los oficiales mitad militares, mitad paisanos o huasos componiéndose la montura de frazadas sin estriberas y un cordel por rienda; unas figuras indescriptibles. Caramba que es necesario encontrarse en semejantes marchas para valorizar lo que son.

Cuatrocientos hombres marchando en cuatro filas con rifle, fornitura, un rollo a la espalda, conteniendo una frazada, una tela de colchón, una castilla, con gorros de brin con sombra para el sol que cubre toda la espalda, unos cantando, otros hablando o peleando o renegando por haberse entrado de militar.

A la llegada a la primera posada cerca de Tocopilla nos fueron a recibir con pan y agua. ¡Qué felicidad! ¡Qué regocijo! ¡Comer pan francés, tomar agua dulce era un acontecimiento que durante dos meses y un día no habíamos experimentado, razón teníamos para regocijarnos! Al llegar a las primeras minas nos salió a encontrar la banda de música del Lautaro alegrando nuestro corazón con el hermoso himno nacional y lindos trozos de piezas que nos hizo olvidar un tanto

---

92. Manta de Castilla.

nuestra fatiga. Atravesamos las calles de la población en medio de infinidad de gente que ya unos vivaban al regimiento y a Chile, ya otros nos ofrecían agua, vino, pan, dulces y hasta hubo uno que fue a cocer media docena de huevos de gallinas de las cuales yo toqué unos. Las mujeres lloraban al ver a los soldados sin poder casi andar y esas figuras tan ridículas.

En fin, llegamos sin novedad adonde creíamos que nos esperaba un trasporte para conducirnos al norte, pero nos hemos engañado. No se fijen en la fecha de esta carta porque la principié el doce y la he venido a continuar el quince por falta de tiempo. El catorce llegó el segundo batallón haciendo su entrada poco más o menos como nosotros. Se nos ha dado ropa: unas cuácaritas [sic] negras muy bonitas y ropa de brin, así es que el calor no nos mortifica tanto porque no andamos apretados. Comemos muy bien y nos desquitamos por todo lo mal que comimos en Quillagua, lugar que solo los cholos podían habitar.

En todo lo que he sufrido en esta campaña he recordado a Luis por lo que sufrió en la campaña al sur que soportó en tiempo de la guerra con España. Por todo ha de pasar el hombre para tener algo que contarle a sus hijos o nietos; el hombre tiene que sufrir para ser hombre. Dejemos los razonamientos y continuemos.

> *Por todo ha de pasar el hombre para tener algo que contarle a sus hijos o nietos; el hombre tiene que sufrir para ser hombre.*

Hoy he recibido su cartita con fecha tres del corriente. He tenido el mayor gusto sobre todo que haya estado con Alejandro que por él habrá tenido noticias de mí. Lo mejor es que haya gozado bien esos doce días que usted los necesitaba mucho, porque de poco tiempo acá le ha dado por llevarse metida en la casa padeciendo y ha abandonado su alegre genio de antes. Deje que cuando llegue yo a esa después de haber descubierto un par de minas por estas tierras de metal... entonces... entonces... entonces iremos a… a … a Valparaíso, a Quillota, a San Rafael, a Viña del Mar.

A la Ignacita dígale que en la primera oportunidad le voy a remitir un vals compuesto por un músico del regimiento titulado *Un viaje por el desierto* y una marcha *La toma del Huáscar* del mismo autor. Supongo que estará muy adelante en el canto y que la Elvira se haga meritoria a la fama de su madre. A Tabito, que lo encuentre hecho un gran general o un gran tambor; un Juan Tenorio o un Juan Lanas, todo un hombre. A la Franchuta[93] que la encuentre casada

---

93.   La Franchuta debe ser su sobrina Elena, hija de su hermana Ignacia.

con un gringo valioso para que hagan pareja y a la Anita una hermosa dama al estilo parisiense, a la Adriana una vivaracha chica que haga bríos a todos sus pretendientes y por último a la Pochocha y Elisita un par de monjas (no Dios lo quiera) de *puffy* moño.

A Luis, Tránsito, Eufrasia no les mando ni memorias ellos sabrán por qué. Que si no tienen papel ni pluma que me manden decir con confianza para mandarles o que vean en mi fe de bautismo que soy hijo de Ignacio Silva y de doña Sabina Varela, sus padres, por consiguiente, hermano de ellos. Que les voy a adjudicar una mesadita de cero pesos para que compren papel, para que me escriban.

A propósito de mesada ¿qué es de la que le pertenece? ¿se la han dado religiosamente? ¿no le han trampeado nada? ¿no se le ha perdido la papeleta? Si sucede alguna eventualidad en la mesada, mándeme decir para los efectos del caso.

En cuanto a rezo no me olvido nunca de persignarme todas las noches y rezarle a Nuestra Señora del Carmen, a María Teresa de Jesús del Huerto de los Olivos, a San Juan Crisóstomo y todos los santos de quien me acuerdo y en especial a María Santísima una salve; eso sí que no lo dejo de hacer nunca.

Voy a concluir saludándolas a todas, deseando que se encuentren buenas y sanas. Memorias a las amigas y amigos; a las Pérez y Gacitúas; a don Miguel finos recuerdos, a los niños Gacitúas; a los Lucos y Cámus[94]; a don Francisco Balbontín[95], que Pancho se encuentra en Quillagua acampado, pero actualmente está aquí y bueno, cada día más gordo. Anda en comisión.

En la primera ocasión le mandaré mi retrato porque pienso retratarme. Reciba pues madre querida un fuerte abrazo de su hijo, que deseo mucho verla y volver al seno de su familia.

Ignacio Silva Varela

---

94. La familia Camus, amigos de la familia.
95. Francisco Balbontín, padre de José Francisco Balbontín, mencionado en la carta del tres de junio.

A bordo del vapor Itata
Pisagua, **20 de noviembre** de 1979

SEÑORA SABINA VARELA DE SILVA

Querida mamá:

¡Viva Chile! Estamos con mochila a la espalda prontos a desembarcar al puerto que recién los chilenos hemos adquirido. En este momento se me avisa que parte vapor para el sur y aprovecho la ocasión. Llegamos ayer de Tocopilla y se dice que marcharemos por tierra a Iquique o Arica. El enemigo está muy cerca y nuestro triunfo es seguro. En esta bahía hay fondeados doce vapores de guerra de la nación y dos de vela.

> *Estamos con mochila a la espalda prontos a desembarcar al puerto (Pisagua) que recién los chilenos hemos adquirido.*

El pueblo está quemado completamente y todavía arde en la playa un depósito de salitre. Están los Navales[96], Chacabuco[97], Cazadores[98], Granaderos[99], Buin[100] y Santiago[101].

Escríbanme pronto y voy a concluir porque ya piden las cartas. Dispense el papel y todo, que no hay más. Salud y felicidad a todas y usted reciba un abrazo de su negro.

Ignacio

---

96. El batallón de Navales.
97. El batallón Chacabuco.
98. El regimiento Cazadores.
99. El cuerpo de Granaderos.
100. El regimiento Buin.
101. El regimiento Santiago del que forma parte Manuel Ignacio Silva.

A bordo del vapor Itata —
Guamaga Noviembre 20/79
Señora Sabina Vardá de Silva
Querida mama:

Viva Chile! Estamos con mochila a la espalda prontos a desembarcar al puerto que recien los chilenos hemos adquirido. En este momento se me avisa que parte vapor para el sur i aprovecho la ocasion. Llegamos ayer de Tocopilla i se dice que marcharemos por tierra a Iquique i Arica. El enemigo esta mas cerca i nuestro triunfo es seguro. En esta bahia hai fondeados doce vapores de guerra de la nacion i dos de vela.

El pueblo esta quemado completamente i todavia arde en la playa un deposito de salitre. Estan los navales, Chacabuco cazadores, Granaderos, Bulm i Santiago.

Escribanme pronto i voi a concluir porque ya piden las cartas. Dispensen el papel i lo que no hai mas. Salud i felicidad a todas i Ud reciba un abrazo de su negro.

Ignacio

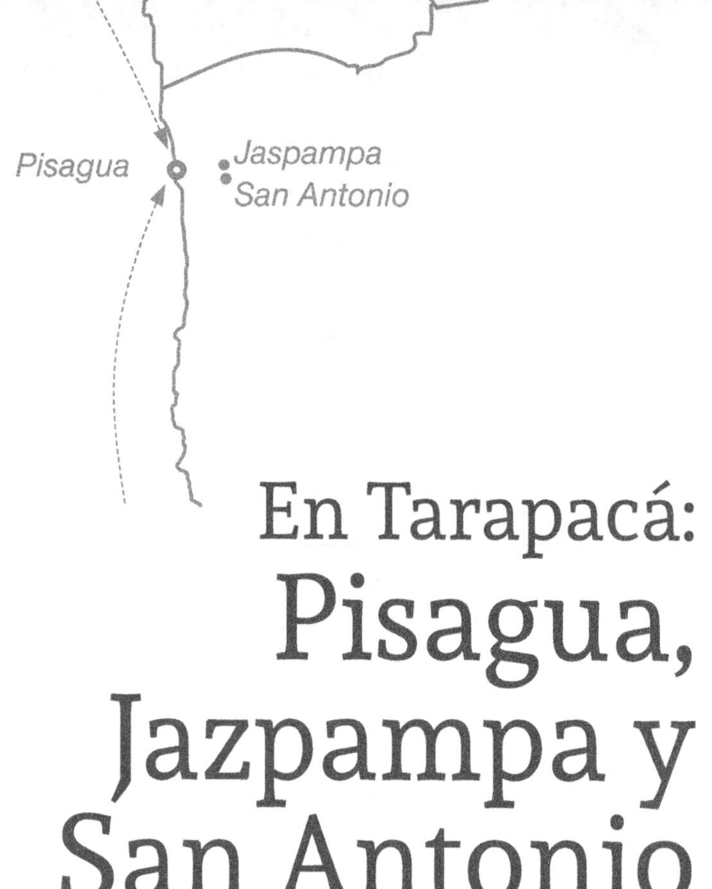

En Tarapacá:
Pisagua, Jazpampa y San Antonio

Santiago, **20 de noviembre** de 1879

SEÑOR MANUEL IGNACIO SILVA VARELA

Mi inolvidable ñato

¿Qué es de tu vida? Hace más de mes y medio a que no sé de ti, pues la última carta que recibí fue del dos de octubre. Solo por lo que dicen los diarios sé que tu regimiento se encuentra en Tocopilla. No tengo gusto para nada con esta malhadada guerra que cada día se hace más larga. ¡Quién puede saber dónde se encontrarán ustedes ahora! Aquí se espera que haya un grande encuentro con el enemigo de un día a otro. Dios ha estado con nosotros hasta ahora porque hemos salido victoriosos, pero ¿cómo sabemos lo que sucederá más tarde? Escribe pues hijo por Dios siempre que puedas. Yo te escribí y no he tenido contestación. Don Gustavo te envía en todos los vapores diarios hasta de a trece juntos y no sé si los recibes. De todos modos, escríbele una cartita dándole las gracias o un recado en mis cartas.

Tuve el gusto de ver a Alejandro pues fui a Valparaíso a verlo y estuve ahí seis días. Me tocó estar ahí en todas las fiestas de la llegada del Huáscar. Después estuve un día y una noche en Viña del Mar, otros días en Quillota y otros en San Rafael pasando doce días fuera de casa y llegando a ella muy contenta pues gocé del perfume de tantas flores y del cariño de mis parientes y amigas. Sí con un sentimiento, porque la Jesús[102] estaba ya muy mala y espero de un día a otro que me escriban que se ha muerto. En casa todos estamos buenas acordándonos de ti a cada instante. Dios te guarde. Desde que se fue Alejandro tampoco he recibido carta de él. Esta tarde misma salen de aquí granaderos y entre ellos va Alejandro Rodríguez[103], que su mamá queda llena de pena.

> *No tengo gusto para nada con esta malhadada guerra que cada días se hace más larga.*

Te recomiendo de nuevo que me escribas lo más pronto para mi tranquilidad. Las niñas todas te envían sus abrazos y los chiquillos igualmente. La Carlota que hoy está todo el día en casa te manda sus recuerdos y toda la familia me pregunta siempre por ti. Aquí se hacen grandes preparativos para esperar muchos heridos y repartirán hasta en casas particulares.

No te escribo más largo porque tengo visitas. Luis está muy alentado, pero no sano enteramente. Te envía sus recuerdos.

Encomiéndate a la Virgen Santísima y escribe muy pronto.

Recibe el continuo recuerdo de tu madre que te abraza.

Sabina

---

102. Jesús (o Jesusita) Bañados, mujer de Manuel Echeverría Varela, primo de Sabina.

103 El alférez Alejandro M. Rodríguez del tercer escuadrón del regimiento de Granaderos a Caballo.

Campamento de Jazpampa, **26 de noviembre** de 1879[104]

SEÑORA SABINA VARELA DE SILVA

Querida mamá:

Desde este lejano lugar me apresuro a escribirle para darle a saber de mi salud que se encuentra inalterable. Pronto marcharemos a Iquique (ya rendido) desde donde le escribiré más largo. Ahora lo hago muy apurado porque piden las cartas. Hoy pasó el general Escala para Pisagua.

No se olvide de volver a recordarle su ofrecimiento. Tengo muchas cosas que contarle. Hoy recibí diarios (diecisiete) los cuales los agradezco mucho. Adiós hasta que les escribiré más. Memorias a… [falta] y usted reciba un fuerte abrazo de su hijo.

Ignacio Silva Varela
[en el reverso]
Señora Sabina Varela de Silva
Calle de Lira N°6
Santiago

---

104. Jazpampa, aldea a 39 km. al este de Pisagua, vecina a la quebrada homónima.

Campamento de Jas-Pampa Noviembre 26/79

Señora Sabina Varela de Silva

Querida mamá:

        Desde este lejano lugar me apresuro a escribirle para darle a saber de mi salud que se encuentra inalterable. Pronto marcharemos a Iquique (ya rendido) desde donde le escribiré mas largo. Ahora lo hago mui apurado porque piden las cartas. Hoi pasó el jeneral Escala para Pisagua.

No se olvide de volver a recordarle su ofrecimiento. Tengo muchas cosas que contarle. Hoi recibí diarios (17) los cuales los agradezco mucho. Adios hasta luego que le escribiré mas. Memorias a ... i Ud reciba un fuerte abrazo de su hijo

                                        J. Silva Varela

Señora   Del Ejército —

Sabina Varela de Silva

Calle de Lira   Santiago —
Nº 6

Campamento de Jazpampa, **27 de noviembre** de 1879

SEÑORA SABINA VARELA DE SILVA
Santiago

Inolvidable mamacita:

En Tocopilla tuve el inmenso placer de recibir una cartita suya, pues cada vez que recibo alguna me vuelvo loco de alegría. No hay consuelo mayor para un hijo que saber de su familia y madre principalmente y en estos lugares solitarios que no damos un paso sin recordar a nuestra casa. La abundancia de todo de que disfruta en su casa, aquí que para tomar un poco de agua hay que irla a buscar a una vertiente distante una legua. La ración de comida se compone de un chico pedazo de charqui un tanto apolillado y una galleta de agua de marinero, sin embargo, eso no importa y pasa cuando uno continuamente está en comunicación con su familia. Diarios recibo muy a menudo y así quisiera recibir cartas.

> *No hay consuelo mayor para un hijo que saber de su familia y madre principalmente y en estos lugares solitarios que no damos un paso sin recordar a nuestra casa.*

Ayer le escribí un papel muy a la ligera porque ya iba a partir el tren y no tenía tiempo. En esta encontrará la relación de todos los sucesos que últimamente han sucedido. Esta se la escribo en medio de un inmenso desierto; puede ser que la otra se la dirija desde el centro de Lima o el Callao.

Una serie de acontecimientos que honran la bandera de Chile me impulsan a escribirle esta, que la impondrá de todas las victorias que hemos obtenido sobre el enemigo. Principiaré por la célebre ocupación de Pisagua, donde un centenar de heroicos chilenos se sepultaron en el abismo lanzando vivas a su patria y profiriendo el nombre de ¡Chile! Una vez anclada la escuadra en la bahía, en medio de una lluvia de proyectiles lanzados desde los fuertes de tierra, a bordo la infantería se alistaba para un pronto desembarco. Así sucedió y después de un unísono ¡viva a Chile! diecisiete lanchas cargadas de valerosos chilenos se desprendieron de los buques con dirección a tierra. Pronto se empeñó el combate. El enemigo estaba en mejores condiciones que nosotros, sin embargo, el desaliento no cabe en el corazón del hijo de Chile y solo el deseo de oír la voz de desembarco nos preocupaba. Desde tierra, los castillos hicieron algunos estragos en las lanchas hundiendo dos en la profundidad del mar llenas de soldados que sus últimas palabras fueron para su patria. Las lanchas avanzaban con lentitud y el fuego de fusilería por ambas partes, atronaban el aire. De pronto atracan las lanchas a la playa y los soldados con el agua hasta la cintura se abalanzan en busca del enemigo para exterminarlo, al parecer, de un solo golpe. Las trincheras fueron abandonadas y el enemigo se batió en retirada. La derrota ya era inminente y luego el tricolor chileno fue clavado en tierra en medio de los "vivas" a Chile y a Escala.

Los cholos arrancaron por los cerros con dirección al interior dejando sembrado el camino de muertos y heridos. Se calcula el número de nuestros muertos en doscientos, alcanzando esta cifra hasta seiscientos de la parte contraria.

Cayeron en nuestro poder tres lanchas a vapor, cuatro locomotoras muy buenas, sobre todo una de doble fuerza, desconocidas en Chile.

Pisagua es un pueblo situado en la falda de un elevado cerro cruzado de un ferrocarril que sube a su cumbre y se dirige hasta Agua Santa[105], oficina (establecimiento) que existe muy al interior. Actualmente se halla enteramente quemado a causa del bombardeo y aun todavía arden unos montones de salitre a la orilla de la playa. Consta de dos castillos que cruzan sus fuegos a la entrada de la bahía y en los cuales tremola orgulloso el pabellón nacional. Una vez descansada la tropa, enterrados los muertos y recogidos los heridos, se pensó en acampar. En el pueblo era imposible, por esto trepamos el elevado cerro tendiendo nuestras carpas de campaña en una linda pampa que existe en su cima cruzada de un camino de tierra de extremo a extremo. Ahí se nos presentó a primera vista una infinidad de rucas de zinc y madera sembrado el suelo de útiles de toda especie: era el campamento del enemigo.

Descansamos esa noche no ocurriendo novedad ninguna y dejando anclada la escuadra en la bahía. Al otro día recibimos orden de alistarnos para hacer una expedición al interior, cuya orden fue recibida con el mayor entusiasmo, pues, después de haber visto sucumbir a nuestros hermanos, el día anterior, nuestro único pensamiento era vengarlos. ¡Noble sentimiento! Al aclarar el otro día se nos repartió víveres, agua y munición para tres días y una vez arreglados nuestros rollos de abrigo, formamos para que el General Escala pasara una revista a los vencedores de Pisagua y que después había de coronar su sien una victoria más. Pasada la revista se oyó el toque de marcha, emprendiéndola vivando a nuestra patria como a nuestro respetado jefe. Atravesamos varios cerros después de los cuales existen pampas interminables. La marcha fue feliz, llegando a Jazpampa a las cinco de la tarde. Ahí se nos proveyó nuevamente de agua y ordenósenos descansar porque al amanecer el otro día partiríamos con dirección a Dolores[106]. Efectivamente, al despuntar la aurora la inmensa caravana se ponía en marcha con el entusiasmo que siempre nos

---

105. Oficina salitrera Agua Santa, conectada por un ferrocarril con los altos de Caleta Buena a 42 Km. de distancia.

106. Dolores, estación de ferrocarril y aldea situada a 52 km. de Pisagua y vecina al sitio de la batalla entre fuerzas de Chile y Perú, librada el 19 de noviembre de 1879.

anima. La distancia que nos separaba sería de tres leguas bolivianas (de cuarenta cuadras cada una) las cuales las atravesamos en cinco horas. La natural fatiga de la travesía de esos secos desiertos nos hizo pasar una noche deliciosa que solo el alegre toque de diana nos hizo abandonar el dulce reposo en que nos encontrábamos. Se repartió la ración a la tropa dejándosenos libre el día para descansar. Al siguiente día una posta avanzada de cazadores anunció el aproximo de tropa armada. En un instante estuvimos listos para un combate llenos de entusiasmo, porque se nos llegaba la hora deseada de medir nuestras fuerzas con el enemigo. Serían las diez de la mañana. A las once divisamos en una encumbrada colina como unos diez mil a once mil hombres divididos en diversos cuerpos. Nuestras fuerzas se componían de cinco mil soldados, que cual leones, solo el deseo de pelear los animaba.

Mientras tanto los soldados enemigos nos desafiaban o insultaban, dando brincos y saltos sin prever tal vez la derrota que se les esperaba. Una vez recibida la orden de hacer fuego, un inmenso torbellino de humo seguido de un sordo estampido atronó el aire: era la primera descarga que hacía el Atacama. En el acto se empeñó un combate atroz, encarnizado que fue una imitación a las batallas de Napoleón y que se hará célebre en la historia. La artillería con sus piezas de montaña hacia estremecer la tierra con sus disparos y nuestros pechos de coraje. La caballería con sus temibles cargas, blandiendo sus aceros, dejaba entre los aliados la muerte y el espanto y la infantería creyendo poco sus descargas se abalanza calando bayoneta y poniendo en completa derrota al enemigo. ¡Qué hermoso era contemplar a esos valientes que despreciaban la muerte por defender su cara patria! Sus labios vertían espuma de rabia, sus puños se apretaban fuertemente de coraje. Tres horas consecutivas de pelea parece que no fueron suficientes para satisfacer los deseos del bravo soldado que quería exterminar al enemigo, mas fue imposible porque este huyó por las pampas dejando abandonados sus heridos y prisioneros pensando solo en escapar. De nuestra parte tuvimos que lamentar como ciento cincuenta soldados que cayeron en la refriega, fuera de otros tantos heridos de más o menos gravedad. El enemigo sufrió bajas considerables cayendo en nuestro poder más de doscientos prisioneros que a la sazón deben encontrarse en Santiago. Además, doce piezas de artillería de montaña y una ambulancia completa. Los cholos tuvieron la osadía de apoderarse de cuatro piezas de artillería nuestra que bastó solo una campaña del Atacama para restaurarlas. ¡Cometieron la barbarie de incendiar una ambulancia haciendo fuego sobre los pobres heridos! ¡Cosas de salvajes sin ley ni religión!

Así concluyó este memorable combate, el primero que se empeña entre ambos ejércitos agregando una victoria más a nuestra inmortal bandera, que será la introducción de las demás que tenemos que obtener. ¡Hermosos tricolor que nunca tu honra ha sido mancillada, yo te venero! ¡Flamea orgulloso que a tus plantas se humilla un pabellón que no han sabido defender! ¡Oh Chile! ¡En aras de tu victoria ofrezco hasta la última gota de mi sangre!

La conclusión de ese fausto día nos ocupamos en recoger a los heridos, enterrar a los muertos y asegurar a los cautivos. Al otro día los trenes se cruzaban conduciendo heridos y prisioneros que eran trasportados a Pisagua, donde serían embarcados para mandarlos a Valparaíso. Ese mismo día volvió a flamear triunfante el pabellón nacional. ¡A la llegada de los prisioneros a Pisagua venia entrando a la bahía el Blanco con la Pilcomayo a remolque! Parece que Dios se había propuesto hacer experimentar en un día emociones de victoria a Chile entero. Tan grata noticia fue recibida por el ejército con el entusiasmo que no lo abandona. Los "vivas" a Chile no cesaron de oírse en todas partes: el tricolor de la patria se desplegaba al aire. Mas no concluiría ahí nuestra alegría, porque se nos esperaba otra mayor: ¡La rendición de Iquique! ¡Bravo Chile, tu fama será eterna y el mundo entero te admirará! Al día siguiente se recibió la confirmación de haberse rendido Iquique a una simple intimidación del Cochrane de bombardearlo. Se rindió abandonándolo por completo la fuerza que ahí se guarnecía, flameando nuestra bandera en la cima más elevada del puerto. En el acto partió el regimiento Esmeralda a posesionarse de él y las autoridades chilenas esparcieron sus leyes. ¡Me faltan palabras para ponderar tanto triunfo en dos días y mi corazón reboza de entusiasmo! Desde aquí, desde el campo del honor un ¡viva a Chile! hará retumbar los áridos desiertos y una plegaria a Dios será la conclusión de esta que la impondrá tanto triunfo que en dos días hemos obtenido.

Dios quiera que al recibo de esta nuestra planta hoye el suelo de Lima y en poco tiempo más un fuerte abrazo estrechará nuestros corazones saltando de entusiasmo y de nuestros labios se escapará un soberbio grito de ¡viva a Chile!

Dios quiera que al recibo de esta nuestra planta hoye el suelo de Lima y en poco tiempo más un fuerte abrazo estrechará nuestros corazones saltando de entusiasmo y de nuestros labios se escapará un soberbio grito de ¡viva a Chile!

Mi querida mamá: por la relación anterior comprenderá la alegría y entusiasmo que hemos experimentado, pero para mí no ha sido completo porque hubiera querido celebrar tanta victoria en mi casa, junto con mi madre y hermanas, mas no importa, que pronto llegará la paz y entonces me veré otra vez en el hogar de mi familia el cual tan lesamente abandoné para sufrir en mundos desconocidos el castigo de Dios por mi desobediencia e indiferencia a mi familia.

El capitán Urizar se marchó a esa completamente loco. Le suplico no se olvide de hacer algún empeño por mí, porque si no asciendo por acá, no pisaré más el suelo de mi patria. Esta no es una amenaza; es un juramento que pronuncié hace tiempo. Escríbale al general Escala, que no dudo hará algo por mí.

Dele memorias a todas y a David Montané, Lucos, Camus, Urzúa, chiquillos. A Luis que no sea sinvergüenza, que me escriba, que no dude que yo le contestaré. De Alejandro, desde que salí de Antofagasta no he recibido una sola letra. ¿Qué pretenden? No sé. En fin, cada uno sabe lo que hace y estoy por hacer lo mismo, no escribirle a nadie hasta que no reciba cartas de ellos.

Voy a concluir esperando no se demore en contestarme a Pisagua, que será donde tal vez estaremos hasta que llegue el general Escala de Iquique, adonde después nos dirigiremos. Nuestra marcha sobre Arica también pronto se efectuará.

Adiós pues mi querida mamá y ruegue a Dios que pronto se concluya esta guerra para volver a mi casa otra vez. Reciba un fuerte abrazo de su hijo que la quiere.

Ignacio Silva Varela

P.D. A don Gustavo dele finos recuerdos de mi parte, que le agradezco infinito los diarios que siempre me dirige.

Pisagua, **27 de noviembre** de 1879

SEÑOR IGNACIO SILVA V.

Querido Ignacio

Mucho sentí no haber estado en Pisagua el día en que ustedes llegaron a este puerto, pues como tú lo debes saber nos encontrábamos recorriendo la costa peruana al norte de Arica en busca de presas y con el objeto de cortar el cable en Mollendo[107]. Estuvimos el dieciocho por la mañana en este puerto y a pesar de la corta distancia que estuvimos de las fortificaciones (dos mil metros), no nos hicieron fuego con cinco cañones que tenían montados. Salimos y nos dirigimos al sur costeando, y a la hora de haber salido de Mollendo (ocho a.m.) divisamos a la Unión[108] por el sur y al poco rato a la Pilcomayo[109] y Chalaco[110]que navegaban cerca de tierra; inmediatamente nos dirigimos sobre la Pilcomayo porque teníamos esperanza de alcanzarla cosa que no sucedía lo mismo con la Unión por su mucho andar. Este buque después de ponerse al habla con la Pilcomayo se dirigió al oeste y después al Norte siempre fuera del alcance de nuestros cañones, quedando por consiguiente abandonado a su propia suerte la Pilcomayo y Chalaco. A este último lo pasamos luego, dejándolo atrás y no lo saludamos con nuestros cañones porque no quisimos acercamos para no aumentar la distancia a la Pilcomayo.

Le fuimos entrando a Pilcomayo lentamente y ya a las tres p.m. estábamos a seis mil metros de ella cuando rompió sus fuegos con el cañón de popa sobre nosotros, pero nosotros seguimos adelante sin hacer caso de sus pildorillas que chocaban sobre el blindaje sin producir efecto ninguno.

Cuando nos había disparado como doce cañonazos y la distancia se había acortado a menos de cuatro mil metros le disparamos el primer cañonazo, que le pasó por la arboladura quebrándole una pala y cortándole cabos. Estos bribones parece que esperaban el cañonazo de rendición para prepararse a entregar el buque, porque principiaron a clarear sus cañones, abrir las válvulas y disparar dos de sus cañones al interior del buque para incendiarlo y alcanzando a botar un cañón al agua.

Al segundo cañonazo se vio que principiaban a arriar sus botes y embarcarse llenos de gente, y al tercero se paró la máquina, quedando todos los botes en el agua llenos de gente.

---

107. Mollendo, puerto peruano. El cable submarino que se pensaba cortar comunicaba a Perú con Panamá por telégrafo.
108. La corbeta peruana Unión.
109. La corbeta peruana Pilcomayo.
110. El transporte peruano a vapor Chalaco.

Pero como viésemos que no arriaban su bandera y el buque se estaba quemando, y ya parado el buque nos dispararon dos tiros más, principiamos a hacerle fuego de fusilería al mismo tiempo que se mandaba la gente al abordaje en los botes. Como los botes enemigos nos hicieran seña con pañuelos blancos de que estaban rendidos paramos el fuego, aunque nosotros teníamos derecho de haberlos exterminado porque no arriaban su bandera. Llegaron los botes chilenos a bordo de la Pilcomayo y aunque había como la mitad de la tripulación peruana a bordo, incluso todos los oficiales no nos hicieron ninguna resistencia mirando impasibles arriar sus dos banderas por los marineros chilenos e izar el tricolor. Inmediatamente después nos ocupamos en apagar el incendio, trasbordando a los prisioneros al Blanco. Al otro día por la mañana remolcamos a la Pilcomayo a Pisagua, llegando a este el veinte.

Aunque había como la mitad de la tripulación peruana a bordo, incluso todos los oficiales no nos hicieron ninguna resistencia, mirando impasibles arriar sus dos banderas por los marineros chilenos e izar el tricolor.

Me parece que pronto nos veremos en Iquique, que como tú sabes se encuentra ocupada por tropa chilena.

Te remito algunos diarios de Valparaíso que supongo que por allá no los verás, y te seguiré mandando siempre que pueda.

Supongo que habrás recibido carta de casa de mi mamá, todas están buenas y tienen muchos deseos de verte. Yo estuve como 20 días en Valparaíso a donde vino el Blanco a refaccionarse, pero no fui a Santiago, viniendo mi mamá a verme. Estuvo como cuatro días y se encontró en las fiestas que hicieron al Huáscar cuando llegó.

En Valparaíso recibí una carta tuya fechada en Quillagua, en la que te muestras muy aburrido y por lo que me dices veo que estos climas te están trastornando la cabeza, ¿qué te has vuelto loco?

Le escribí a mi mamá para que hiciera todo lo posible por sacarte y me contestó que estaba haciendo empeños para que te ascendieran, no sé el resultado.

Supongo que te habrán hecho siquiera sargento primero. Y si no te han ascendido empéñate con Severin o con el capitán Sandoval para que le hable a tu capitán y te proponga.

Te anuncio que la Teresita estaba muy enferma cuando salí de Valparaíso y es muy probable que a la fecha haya muerto. Espero que pronto me ascenderán a teniente segundo.

Si te falta algo, como supongo que así será, espero que me lo pidas que yo te mandaré lo que necesites.

Espero que tengas un poco de paciencia, y si quieres retirarte puedes hacerte el enfermo, que te remitirán a Valparaíso. Escríbeme que yo haré lo mismo más ahora que estamos cerca y tú te encuentres en peligro.

Memorias a Severin.

Tuyo,

Alejandro.
Si no tienes papel para escribir pídeme.

Santiago, **29 de noviembre** de 1879

SEÑOR MANUEL IGNACIO SILVA V.

Mi querido negro,

Al fin he recibido noticias tuyas por junto, pues hacía ya cerca de dos meses que no tenía carta tuya. Hace dos días que tengo en mi poder tres en el mismo día y la última que es de fecha veinte y viene de Pisagua a la [… ilegible] y las otras dos en la noche son las de Luis. Tus cartas son muy celebradas de todos porque cuentan todo. Siempre que puedas hacerlo así, hazlo, porque es todo un consuelo. Creemos que ahora te encontrarás ya al interior y muy cerca del enemigo. Dios que es el Señor de las victorias seguirá siéndonos propicio. Nadie lo duda por acá. Por las noticias que se tienen de cómo se encuentran esos pueblos por la desmoralización de su ejército y la guapeza de sus jefes, abandono de Iquique y se dice también de Arica (que yo no lo creo) parece ya del todo nuestra la victoria. Pero ¿quién sabe a costa de cuánta sangre? Aquí muchas de las familias ricas preparan hospitales y vengo de ver a los Mattes[111] de cien camas que lo están instalando en la casa que sigue de la Iglesia de San Juan Bautista en esta calle donde estuvieron las monjas (…) La familia Subercaseaux prepara otro en la calle de Castro también inmejorable y así otras varias familias porque se cree vendrán muchos heridos. ¡Dios te guarde hijo de mi alma! Desde que se fue el Blanco no he sabido de Alejandro y deseo mucho recibir carta de él para que me diga algo sobre la toma de la "Pilcomayo". La bandera está izada en la puerta de casa desde la toma de Pisagua y esperamos que ustedes hagan algo más y no bajarla en mucho tiempo. Mucho celebro que tu salud sea tan buena. Aquí todos buenos acordándose mucho de ti. Luis te escribirá luego, no lo hace por este vapor por esperar pase el primero para mandarte algo. Tu madre recuerda siempre eso, pero nada puede hacer. Ya no poseo un medio ni siquiera ando con porta moneda porque la Ignacita da el diario y la Eufrasia la he hecho que sea la que corre con el gasto de la casa. A ella le sirve de entretención y a mí de (…). Estuve donde Balbontín a darle tu recado, él está en Valparaíso, pero estuve con la Luisa y te agradeció mucho. Donde don Gustavo no he ido todavía, pero iré pronto, es un buen amigo. Los Lucos, Camus, Gacitúas que son los que he visto después que recibí tu carta

> *Aquí muchas de las familias ricas preparan hospitales y vengo de ver a los Mattes de cien camas. La familia Subercaseaux prepara otro en la calle Castro también inmejorable y así otras varias familias, porque se cree vendrán muchos heridos.*

---

111.   La familia Matte, dueña del banco homónimo.

te corresponden tus recuerdos. Donde las Pérez no he ido, pero siempre me preguntan por ti. ¡Un momento no estás lejos de mis pensamientos, y las cosas que pasarás en esos viajes, cómo me afligen! Tu cama estará ya perdida, lo creo.

La Jesús está ya muy mala. Espero noticias de su muerte de un día a otro.

Mi tía me escribe diciéndome que le escriba luego que sepa de ustedes. Hoy lo haré. Por los diarios sabrás todo y verás o sabrás como están las cosas en Arica y Callao y la desvergüenza de esas cholas zafadas y tantas mentiras que escriben en sus diarios. Por este vapor no han llegado porque privaron toda comunicación con el vapor. Recibe pues negro mío un fuerte abrazo de cada una de tus hermanas que no te olvidan y de cada uno de los chiquillos. Tavito dice que quiere ser general. Tavito General. Yo Adriana monja. Yo Teresa también monja[112]. Les he llevado la mano, están alrededor de la mesa.

Salud y victoria. Buena comparación para que tenga el gusto de verte llegar acá de oficial. Las mesadas corrientes las recibo el día tres.

Adiós mi negro. Felicidad.

---

112. Adriana González Silva y Teresa Pérez Silva, ambas sobrinas de Ignacio..

Sabina Pisagua, **3 de diciembre** de 1879

Hoy acabo de recibir una carta tuya fechada en Tocopilla noviembre dieciséis y yo no sé cómo se ha atrasado tanto.

Por ella veo que ya tu trastornada cabeza se ha sosegado de lo que me alegro mucho y que piensas solamente en la defensa y ataque común de todos los chilenos para poder ganar y llegar a pasearnos en la plaza de Atocha[113].

De mi mamá no sé nada hace días, pero supongo que estarán buenos y sanos. En fin, espero pues que pronto se batan para que te foguees.

> *Veo (por tu carta) que ya tu trastornada cabeza se ha sosegado.*

Me parece que pronto marcharemos al norte a hacer una expedición hasta Panamá. Escríbeme que yo haré lo mismo. Acaba de llegar un buque de guerra francés, la "Decrés". Se mandó los zapadores hoy en el Angamos a ocupar Mejillones del Perú.

O'Higgins, Chacabuco, Covadonga, Magallanes y Lamar se encuentran bloqueando Arica, este trasporte llevó como setenta heridos peruanos para desembarcar en Arica, no sabemos el resultado. Son muy capaces estos cholos de apoderarse del buque.

Adiós y hasta la vista, cuidado con que quedar en el campo. Habla al capitán Sandoval para que te asciendan.

Alejandro Silva V.

Diarios te mando en un paquete lacrado desde el 17 hasta el 22 de noviembre que son los últimos que hemos recibido.

---

113.   Debe ser la Plaza de Acho, la plaza de toros de Lima.

Santiago, **14 de diciembre** de 1879

SEÑOR MANUEL IGNACIO SILVA VARELA.

Queridísimo amigo:

Le escribo para saber de usted pues deseo saber de la salud de usted.

El otro día le escribí una carta, pero no he recibido contestación, por lo que supongo no la haya recibido.

El amor de un amigo, no se borra ni aun en la tumba, de manera que cualquiera que sea la barrera que separa a dos amigos que se quieren, esa barrera es fácilmente salvada por los deseos, por las ambiciones de saber del amigo.

Y estos deseos de saber de usted se han aumentado en mí cuando contemplo, y doy gracias a Dios por haberme dado un amigo como usted, un amigo que ha preferido alejarse del hogar materno, ¿por qué? Por ir a defender el honor de su querida patria, un amigo que pudiendo haberse ido de subteniente en cualquier batallón se ha ido de soldado probando con esto que sus ambiciones no eran, por cierto, el obtener grados, sino únicamente el defender a Chile.

Doy gracias a Dios por haberme dado un amigo como usted, un amigo que ha preferido alejarse del hogar materno, ¿por qué? Por ir a defender el honor de su querida patria, un amigo que pudiendo haberse ido de subteniente en cualquier batallón se ha ido de soldado.

Un amigo que sin tener necesidad habrá sufrido en el norte quien sabe cuántas cosas, pero que para él son nada porque dice: las sufro por Chile. Un amigo como este es un amigo eterno, y por eso querido amigo me dirijo a usted para saber de su salud, y espero me conteste estas breves líneas en el próximo vapor.

En su casa, todos buenos, y todos le mandan sus memorias, y entre tanto reciba el afecto de su amigo que le desea el más feliz éxito en la campaña.

David Montané O.

Si me escribe en enero, mándeme la carta a Limache.

Campamento de Jazpampa, **15 de diciembre** de 1879

SEÑORA SABINA VARELA DE SILVA
Santiago

Inolvidable mamá:

Tengo en mi poder una suya con fecha veintinueve del pasado por la cual sé que están buenas y que tiene en sus manos las que yo le he dirigido. En el mismo día tuve otra de Alejandro fechada en Pisagua y en que me relata la toma de la cañonera peruana Pilcomayo. A los pocos días supe que se habían dirigido a Arica, por esto, no tuve tiempo de escribirle. Actualmente se encuentra en el cercano puerto y ayer no más llegué de allá donde fui a pasear y a verlo, pasando un día entero a bordo donde fui muy bien atendido. En la noche partimos otra vez al norte con el Amazonas y tal vez viajaré hasta Panamá, pues dicen que el Rímac anda fuera trasportando pertrechos de guerra. Me dio tabaco, azúcar, café, cacao, papel de escribir y en fin me hizo mucho cariño.

Le anuncio que ahora mejor que nunca se puede hacer empeño para ascender, puesto que hay siete vacantes de aspirantes y con quien se puede empeñar es con un coronel Vargas[114]. Por los diarios he sabido la muerte de Jesusita lo que no me ha de extrañar nada en vista de la enfermedad que minuto a minuto la consumía. Mucho sí lo he sentido por la Rosita Fuentes y cuando le escriba dele mi pésame.

A la mama Carmen[115] pienso escribirle para que vea que me acuerdo de ella, pero no lo haré hasta que usted me dé su parecer. Espero carta de Luis de un momento a otro y Alejandro dice que jamás ha recibido ninguna de él.

En cuanto a movimientos del ejército no se dice nada y no sabemos hasta cuando nos tendrán enterrados en estas quebradas del diablo. El otro día tuve el placer de comer peras en una hacienda o quebrada llamada <u>Quiuña</u> en el rio <u>Tiliviche</u>[116], a ocho leguas del campamento. Es un punto muy delicioso donde las flores como claveles, rosas, cedrón, etc., despiden un olor muy aromático. Hay dos baños de agua vertiente, muy buenos. Mucha cebolla, coles, lechugas, cabras, conejos y cholas muy cariñosas las cuales nos convidaron con miel de caña con pan, maíz tostado (su alimento favorito) y unos grandes ramos de flores, que la Guaguá compuso al guatito niño. Es de advertir que a estas mis-

---

114.   Debe ser el coronel José Severino Vargas, por entonces ya retirado.

115.   La "nana" de la casa que criara a los hijos de Sabina.

116.   Chacra de Quiuña en la quebrada de Pisagua, cerca de Tiliviche, a 28 km. de Pisagua.

mas cholas tuvimos presas en este campamento y los maridos se encuentran lo mismo en Pisagua y han sido azotados para que largaran la verdad de unos entierros que dicen hay. Efectivamente poco a poco, en el mismo <u>Quiuña</u> se han descubierto entierros de azúcar, arroz, fósforos, licores, en fin, infinidad de cosas que han sido repartidos a la tropa y aun se trata de dar con varios otros que se sabe positivamente que existen. A algunos cholos le han atracado hasta 230 azotes emperrándose en no largar la verdad, por último, un chiquitín, como el general Tabito, los vendió.

En cuanto a plata que usted dice que siempre recuerda mandarme, le ruego no piense en tal cosa, porque yo sé muy bien la falta que le hará a usted cosa que a mí me es casi superfluo. Ahora bien, que Luis lo haga no importa, porque lo redunda en provecho para él mismo, porque, así como lo había de gastar en... Es mucho más aceptable que le haga un regalo a su hermano, como lo hace continuamente Alejandro que algunas veces me da vergüenza recibirle porque siempre su desprendimiento llega hasta el extremo de darme diez, quince y más pesos fuera de muchas otras cosas que me regala. Por esto, ni pienso en ese sentido porque si alguna vez lo hiciera me vería obligado a volvérselo, porque muy bien sé, como le digo, que un centavo que fuera, le haría falta para el pan siquiera.

Ojalá (mamá) no quitara el pabellón de la casa hasta el día que tenga noticia que nos paseamos triunfantes por la Alameda de "Los Descalzos".

Mucho me alegro que esté descansando porque era una barbaridad que teniendo sus hijas que le ahorraran la pesada dirección de la casa, no lo hicieran. Ya es tiempo que usted se deje de esas molestias y que pasee y se entretenga en el jardín y goce del cariño de sus nietas.

Ojalá no quitara el pabellón de la casa hasta el día que tenga noticia que nos paseamos triunfantes por la Alameda de "Los Descalzos"[117] o por la plaza de Atucha[118] [sic], cosa que no durará mucho tiempo.

El señor Barceló se fue a esa y ojalá vea modo de hablar con él respecto de mí.

A los niños muchas memorias; al general Tabito y a las monjas Adriana y Teresa que me escriban lo mismo a Elvira, Elena y mi negrita Anita. Memorias a todas y a don Gustavo un fuerte apretón de mano y usted. reciba un abrazo de su sargento que la desea ver.

Ignacio

117.　La Alameda de los Descalzos, paseo público de Lima.
118.　Debe ser la Plaza de Acho, la plaza de toros de Lima.

[Adiciones en los extremos superior e inferior de las páginas donde Ignacio escribe algunos párrafos dirigidos a sus pequeños sobrinos]

Elvira: ¿Ya te habrás olvidado del ñatito? Supongo que estarás muy grande de cuerpo e inteligencia y que al piano le arrancarás hermosas melodías. Escríbeme cuando puedas y dale memorias a tu mamá. Se despide tu ñato.

Elena: Creo que te acordaras mucho de mí por las repetidas cartas que he recibido de ti. Me dicen que ya te casaste con David y que estas muy formal. Escríbele a tu ñato.

Anita: Tuve el gran placer de recibir la suya con fecha 00 [sic] por la que veo que se acuerda mucho de su ñato. Ya debe estar muy adelante en el piano e inglés. Si nos vamos a Iquique veré modo de mandarle una muñequita chola pues allá creo que será fácil hacerlo. Escríbame y dele memorias a las niñitas y su mamá. Su ñato,

Adriana: ¿Con que piensas ser monja? Pues, creo que serás una buena sierva de Dios pues tú gran devoción y carácter santidón... te harán acreedora al cielo. No te digo que me escribas porque no has de saber.

Don Tabo: ¿Cómo va hombre? ¿Cuándo piensa mi general de venir a hacerse cargo del mando de la división de reserva? El General Buendía[119] desea batirse con vuesamerced y espera su llegada a este campamento para presentarle 11.000 hombres en combate. Su sargento ñato desea tenerlo luego por acá. Mientras tanto ejercítese en el manejo del sable.

Mucho celebro que reciba sin interrupción la mesadita que creo algo le servirá. Ojalá fuera más, pues mi deseo es mucho, pero usted comprende que no es posible visto el miserable sueldo que gozo.

---

119. El general Juan Buendía y Noriega, comandante de las fuerzas peruanas en la guerra.

Campamento de Jazpampa, **23 de diciembre** de 1879

SEÑORA SABINA VARELA DE SILVA
Santiago

Mi querida mamacita:

Hace tiempo que no recibo carta de usted y estoy por esto algo intranquilo. No esperen que yo les escriba muy a menudo porque ustedes comprenden que en un campamento militar se come a lengüetazos y se escribe en ... la falda de la camisa. Las comodidades no se conocen, los materiales quedan a cargo del ingenio del soldado para encontrarlos y por último el tiempo corre y vuela sin poderlo alcanzar. He ahí los muy justos motivos que me privan de tener la satisfacción de escribirles continuado. Sin embargo, que gracias a Alejandro o a los amigos no me ha faltado ahora materiales para hacerlo.

No esperen que yo les escriba muy a menudo porque ustedes comprenden que en un campamento militar se come a lengüetazos y se escribe en ... la falda de la camisa.

Como le mando decir en la próxima anterior, estuve en Pisagua a bordo del Blanco y tuve la felicidad de estrechar a mi hermano de un abrazo y pasar un día entero a su lado recordando nuestra familia. ¡Qué hermoso es contemplar, mamá, a dos jóvenes hermanos que abandonan por un momento los fastidiosos quehaceres del militar y marino, abandonan los pensamientos bélicos para ocuparse únicamente en el recuerdo de su madre querida y familia! Verdaderamente en esos momentos el marino no se considera pisando la limpia cubierta de un barco de guerra, sus ojos no contemplan la inmensidad del mar, no, ellos contemplan la inmensidad del cariño maternal y su planta horja [léase hoya] el querido suelo del hogar. ¡El militar se cree no en una vasta pampa de caliche y sal, no a su vista lo infinito del desierto sino en su amada casa admirando la sonrisa cariñosa de su madre! ¿No es verdad, mi querida mamá, que eso es muy bello? ¿No es cierto que parece que fuera una realidad? ¡Ah! Sí, una realidad, pero futura. Por ahora es una ilusión que una vez que el marino toma el timón para gobernar y bloquear un puente enemigo y el militar empuña su rifle y con ojo vigilante recorre esa inmensidad de arena, se desvanece y solo queda el recuerdo. ¡Qué hacerle! Llegará el día en que esa realidad sea efectiva y entonces seremos dichosos. Por ahora, esperamos.

El Blanco a la fecha debe encontrarse en Arica o más al norte, porque Alejandro me dijo que irían tal vez hasta Panamá. Yo estuve el diecinueve y veinte en Pisagua otra vez y no se encontraba ahí.

En cuanto a guerra no ha habido nada de notable que merezca la pena de apuntarse. Movimientos militares no se han efectuado y el desierto de Tarapacá continúa ocupado por el ejército. Movimientos marítimos, únicamente el ya sabido bloqueo de Arica donde la fuerza que lo defiende se está muriendo de hambre. Quién sabe si cuando usted esté leyendo esta ya se haya rendido. Dios lo quiera, que será el golpe de gracia y uno de los acontecimientos que más probabilidades dan de volver luego a nuestro amado suelo. Mas, creo que todavía tenemos que ir a Lima y de allá le mandaré buenos plátanos y naranjas y una cholita para que le ahorre el gasto de sirviente.

Todas las mochilas las han traído a este campamento y por eso creo que no nos moveremos tan luego de aquí, esperaremos la rendición de Arica. En esta provincia de Tarapacá no se encuentra ni un soldado enemigo.

Se corre con insistencia que hay depositados doce millones de pesos pagados de fondos particulares para que una vez concluida la guerra sean repartidos entre el ejército para que trabajen los terrenos de la Araucanía que el Gobierno nos regalará. Si es verdad se nos muestra el porvenir medianamente claro... tendremos coche... casa... hacienda... muebles para el salón... alfombra.... y nada.

¿Qué es de mis hermanas y hermano, han muerto, están enfermos? ¿Qué es de ellos? Me contentaré con las noticias que usted me manda. En fin, deseo que estén buenas como yo.

> *Una cosa de trascendencia tal vez nos obligue a emigrar a Iquique: la peste viruela.*

Aquí estamos muy bien, comemos regularmente; carne todos los días con arroz como ningún otro cuerpo. Tabaco, papel y jabón nos dan todos los días lunes, gracias a los entierros que cada día descubren. Una cosa de trascendencia tal vez nos obligue a emigrar a Iquique: la peste viruela. Ya se han presentado como ocho casos de esta enfermedad y dos muertos. Ojalá no continúe más adelante porque entrar la peste en un regimiento y en este clima tan delicado, es cosa muy terrible y capaz de hacer victimas innumerables si no se pone pronto atajo y con los doctores que tenemos nos moriríamos. Son simples estudiantes que vienen a practicar y se titulan cirujanos y no saben amputar una pierna. No sé cómo el gobierno manda tales doctores a un ejército que continuamente está expuesto a sufrir pestes, enfermedades peligrosas, y sobre todo heridas, quebraduras las cuales se necesita un práctico para sus curaciones, no un estudiante de ayer, ciegos en práctica y aun en teoría que en lugar de aliviar al paciente lo mortifican y acrecienta la enfermedad conduciéndolo a la muerte.

En fin, después de tanto charlatanear, voy a concluir con las memorias. De estas le dará la mitad de una a la Ignacita, la otra mitad a la Eufrasia. Un pedazo de otra a la Tránsito, otro pedazo a Luis envuelto en una tela de quejas porque no me ha contestado mi carta. A las niñitas una memoria entera para todas, a don Tabito dele una entera para él solo y todas juntas forman un conjunto de muchas que usted las recibirá con un abrazo de su hijo ñato.

Ignacio
A don Gustavo infinitos recuerdos y no deje de dárselos,
Los diarios como siempre.

Campamento de Jazpampa, **24 de diciembre** de 1879

SEÑORA SABINA VARELA DE SILVA
Santiago

Inolvidable mamá:

¡Viva la Pascua! Que esta las encuentre buenas y que en este solemne día de Nochebuena su corazón no sea perturbado por ningún pesar ni sufrimiento y solo la alegría y el regocijo more en el hogar de mi querida familia.

Ayer le escribí otra, pero no me acordé de mandarlas felicitar no solo por la Pascua sino también por el año nuevo que empezará mostrando un porvenir limpio y sereno, lleno de gloria y que, en su trascurso, confiemos en el Eterno, que en ese cielo tan puro no aparezcan lóbregos nublados que presagien tempestad. No, el ochenta empezará con un pabellón lleno de glorias para Chile y la felicidad de la patria es también la felicidad de sus hijos. Salud y fiesta para mi familia y gloria para mi patria. ¡Viva el ochenta!

Uno de los motivos que también me han inducido a escribirle es que lo más eficaz para ascender es elevar usted una solicitud reclamando mi derecho que tengo como ex cadete (de buena conducta) para ser oficial y si piden recomendaciones de mi conducta yo puedo mandar desde el comandante abajo que informarán minuciosamente de ella y de mis aptitudes para ser lo que reclamo. Vacantes hay de sobra y no dudo que con seguridad se decretará "como se pide". Un caso semejante sucedió con el subteniente Béjar[120]. Siendo sargento, su padre elevó una solicitud exponiendo haber sido su hijo cadete y al poco tiempo le llegaron sus despachos. Con quien puede consultarse es con el señor Marín y Bustamante y creo que el señor Sotomayor[121] se encuentra en esa a causa de haber hecho su renuncia. La cuestión quiere un poco de ánimo y diligencia que yo acá haré todo lo que me es posible.

> *No, el ochenta empezará con un pabellón lleno de glorias para Chile y la felicidad de la patria es también la felicidad de sus hijos. Salud y fiesta para mi familia y gloria para mi patria. ¡Viva el ochenta!*

Contésteme sin demora para ver su parecer y no hay que perder tiempo.

---

120. Subteniente José del Rosario Béjar del regimiento Santiago.
121. Se refiere probablemente a Rafael Sotomayor Baeza, ministro de guerra en Campaña. Tanto este como su hermano Emilio, antes mencionado, se encontraban activos en el teatro de la guerra.

Escríbale al capitán Sandoval y Urcullú, al comandante Lagos (don Pedro) hable con el señor Barceló que está allá. Vuélvale a escribir al general Escala, al coronel Amunátegui del cuarto de línea, al general Villagrán que está en Pisagua, hable con don Adolfo Ibáñez[122], con las Eyzaguirres y Mattes, con doña Tránsito Flores de Pérez[123] con el señor Urmeneta[124], en fin, con cuanto gusanillo de la tierra a fin de conseguir lo que se persigue.

Dele finos recuerdos a todas y usted reciba la salutación y cariño de su hijo.

Ignacio Silva Varela
No hay tiempo por eso le escribo corto.

---

122. Adolfo Ibáñez Gutiérrez, por entonces senador por Valdivia.
123. Tránsito Flores de Pérez, mujer del ex Presidente de la República José Joaquín Pérez.
124. Jerónimo Urmeneta, entonces senador por Coquimbo.

Santiago, **26 de diciembre** de 1879

SEÑOR MANUEL IGNACIO SILVA

Querido hijo:

Primero que nada te diré, ¿por qué te has quitado la inicial de Manuel de tu primer nombre? Me gustará ver tu firma como antes. Recibí tu carta fechada en Jazpampa veintisiete de noviembre. ¿Por qué llegan tan atrasadas? La recibí después de veintidós días. Mucho me gusta ver la descripción por ti en tus cartas de lo ocurrido en el ejército, pero extraño que me escribas en el mismo día de la batalla de Tarapacá (veintisiete de noviembre). Día de la gran matanza. No sé si decirte si fue felicidad o desgracia, lo que no sé alcanzará a ir a batirse el regimiento. Entre las infelices víctimas de ese fatal día cayó herido Ricardo Rojas, hijo de la Miquita Angulo.

> *Mucho me gusta ver la descripción por ti en tus cartas de lo ocurrido en el ejército, pero extraño que me escribas en el mismo día de la batalla de Tarapacá, día de la gran matanza.*

Después de heridos los cholos les daban de palos para ultimarlos y si no hubiera venido a tiempo un oficial que les dijo "dejen ese pobre muchacho que está herido", a la fecha no existiría, pero el pobre quedará inútil para toda su vida, porque le han cortado el brazo izquierdo porque le entró la gangrena. Está en uno de los hospitales de sangre que han establecido algunas respetables familias de aquí. Está ahí también con él su mamá y lo cuidan mucho. Fui a verlo. Sé que hay cinco vacantes de oficiales en tu regimiento y acabo de escribir al general Escala y también al señor Lagos para que te asciendan. También fui a ver a Toro Herrera[125] por si podía darte una colocación en su cuerpo pero me dijo no tenía una sola vacante y que estabas con un buen jefe. Acabo de saber hoy que a este señor lo han nombrado o lo nombrarán jefe del Estado Mayor, lo digo que si esto sucede te recomiende al que entre en su lugar. Aquí está Barceló, pero es muy difícil verse con él. Si no te hacen ahora oficial será por tu mala suerte, por recomendaciones no queda. Ojalá Dios te ayude. Le escribo también a Alejandro y le digo que no has recibido carta de él. Yo tampoco no he recibido. La última fue con fecha diecinueve de noviembre. Mi placer también es recibir sus cartas y cuantas veces tengas proporción hazlo. Daniel está en casa, el miércoles dará su examen general para recibirse de abogado. Urzúa se casará en pocos días más con la Amalia Lavín y se establecerá en Curicó. Bueno. Felicidad.

---

125. El coronel Domingo de Toro Herrera, comandante del batallón Chacabuco.

Para nuestra casa no da de gustos, todas son penas. No sé si te he dicho en otra que ya se murió la Jesús el veintidós del pasado, ahora te digo que la pobre Elvira enviudó el día seis del presente mes y quedo con dos hijos la pobrecilla.

Mi salud ha estado un poco mala estos días, pero ya estoy mejor. En este momento he tenido mucho gusto de saber de ti por una visita que he tenido de Retamales, tu amigo y sargento primero de tu compañía[126]. Lo he cansado a preguntas, me dice que estás muy gordo pero negro. Me dice que viste últimamente a Alejandro porque viniste a Pisagua. Mucho lo celebro.

La Ignacia muy ocupada estos días con los exámenes de estos días y se desocupará al fin de la semana. La Adriana está en una hacienda con una señora que estuvo en casa. Ya a la Ignacia se le han retirado algunas discípulas y ya luego quedará sin ninguna, y Dios solo sabe cómo pasaremos los próximos meses del año, que nunca te he contado cómo lo pasamos este año.

En fin, mi negro querido, Dios te conserve bueno y cuanto antes dé fin de esta terrible campaña. Las niñas todas y todos tus sobrinos te dan fuertes abrazos, que, aunque no te escriben pero que no te olvidan un momento. Tengo muchos deseos de volver por unos días a pasear donde estuve últimamente porque los calores me enferman aquí mucho, pero no sé si podré ir. Luis te escribirá luego. Buena suerte y un fuerte abrazo de tu mamá.

Sabina.

Al tamborcito hijo de la cocinera del general Villagrán que dice su madre que le escriba para saber cómo está, que hace mucho tiempo que no sabe de él. Ponle sus cartas bajo tu cubierta, que así le llegaron unas fácilmente a esa pobre madre.

Sabina.

En este momento se dice que el transporte peruano Chalaco se encuentra en Arica y a su bordo los plenipotenciarios perú-bolivianos que esperan a los chilenos para sentar las bases de la paz. No sé si será bola, pero corre con insistencia este rumor. El ejército en general está por la paz.

---

126. Sargento primero de apellido Retamal del regimiento Santiago, no identificado.

Campamento de Jazpampa, **7 de enero** de 1880

SEÑORA SABINA VARELA DE SILVA
Santiago

Inolvidable mamá:

Ya descansado de la preciosa exploración que efectuamos últimamente me he puesto a escribirles esta para narrarles lo más minucioso posible el resultado y peripecias del viaje y también quejarme de usted, pues no he encontrado carta.

Partimos de este campamento el veintisiete del pasado a las tres de la mañana cuatrocientos hombres de este regimiento a cargo de nuestro comandante Lagos[127] y oficialidad correspondiente, y mi coronel Lastarria[128] encargado por el general en jefe de la expedición. Abandonamos, como he dicho, a Jazpampa en medio de la obscuridad y del silencio pues solo las pisadas de las mulas cargadas con víveres y las cabalgaduras de los oficiales se hacía sentir. Todo el mundo dormía y triste fue nuestra partida pues no nos fue dado darles, ¡quién sabe, si el último adiós a nuestros compañeros de sufrimiento y fatigas! Abandonados a la incertidumbre sin saber adónde nos dirigíamos marchábamos cabizbajos bajo el peso de 150 municiones que habían de decidir de nuestra suerte y atravesamos legua y media de desierto llegando a Quiuña en la quebrada de Tiliviche al amanecer. Esta es una hermosa hacienda bien provista de agua que me hace recordar a mi querido Chile donde no se da un paso sin encontrar eso que alegra el corazón, que se abandona el hombre a la meditación. ¡Lo verde, los pajarillos que al aclarar entonan sus himnos saludando la estrella matutina! ¡Qué hermoso! Después de un inmenso arenal donde todo es muerte, do [sic] jamás una gota de agua ha humedecido siquiera un grano de esa ardiente arena; el viento juguetea caprichosamente con ella y azota sin compasión el rostro del viajero y el sol anonadador fatiga y aun embrutece

Después de un inmenso arenal donde todo es muerte, do [sic] jamás una gota de agua ha humedecido siquiera un grano de esa ardiente arena; el viento juguetea caprichosamente con ella y azota sin compasión el rostro del viajero y el sol anonadador fatiga y aun embrutece pues parece que sus rayos penetran el cerebro y queman la fibra del pensamiento.

---

127.   El coronel Pedro Lagos.
128.   El teniente coronel Lisandro Lastarria.

pues parece que sus rayos penetran el cerebro y queman la fibra del pensamiento… [sic] Después de una jornada de muerte como esa se presentó a nuestra vista la naturaleza viva con todo su esplendor, ahí las flores alegran el alma, el viajero moja su sediento paladar en un cristalino torrente. ¡El trinar del pajarillo lo llama a la meditación dirigiendo su primer pensamiento a Dios! ¡Es muy hermoso, mamá querida!

Continúo: Después de proveernos de agua partimos de Quiuña a las seis de la mañana tomando el alto de la quebrada para volver a contemplar la inmensidad del desierto que tanto entristece. Caminamos con un sol abrasador, descansando en cortas jornadas, pues de día no se puede marchar muy apresurados. Por fin llegamos a Tana a las dos de la tarde donde encontramos cien hombres de granaderos que debían acompañarnos en la expedición. Entre la oficialidad de granaderos encontré al alférez Octaviano Gómez[129], hermano del malogrado cojo Gómez, mi nunca olvidado amigo… Se mostró muy cariñoso conmigo diciéndome que había hablado con usted en Santiago cuando la fiesta del Huáscar[130]. Tana se encuentra en la quebrada de Camiña y es poco más o menos como Quiuña. Abundante su agua, pasto y árboles e importante pues de ahí parte el camino para Camarones y Arica. Continuamos nuestra marcha a las cuatro de la tarde por el bajo de la quebrada costeando un cerro. Así seguimos hasta las tres de la mañana, hora en que llegamos a Calatambo, punto donde debíamos alojar[131]. Todos estos lugares son muy idénticos y me basta describirles uno para que se formen una idea de los demás. Cuatro ranchos, agua, pasto, árboles, en fin, forman un conjunto muy alegre y bonito. Desde este punto nos dirigimos al interior por la orilla del estero al amanecer del otro día, después de haber descansado y dormido profundamente sobre el pasto. Esta jornada fue muy hermosa pues nos deleitábamos admirando, ya hermosos palmares desconocidos para nosotros, ya pequeños bosques de algodoneros que nos entreteníamos en coger sus pelotitas de algodón. Los árboles que mucho abundan son los pimientos con sus racimos tan hediondos como saludables al pulmón, los cuales me recordaban al precioso Huelén de Santiago donde hay tantos. Caminamos descansadamente, aunque saltando el estero y a veces sumergiéndonos hasta el tobillo en el agua, hasta las tres de la tarde hora en que nos detuvimos en Chimallá, donde nos esperaba el teniente Salcedo[132], encargado de las provisiones, con dos bueyes muertos, el cual nos proporcionó un suculento almuerzo. A las cinco partimos nuevamente con dirección hacia Moquella[133] para alojar en ese punto. En Chimallá recogimos una buena canti-

---

129. Octaviano Gómez, alférez de los granaderos a caballo.

130. Celebración de la captura del Huáscar.

131. Calatambo, aldea y sembradío en la quebrada de Camiña, a 100 km. de Pisagua.

132. El teniente Rafael Salcedo

133. Moquella, sembradío en la quebrada de Camiña, donde principia el valle de su nombre.

dad de burros y mulas, los cuales nos aliviaron mucho en la marcha. También tomamos presos diez cholos paisanos. Los granaderos que marchaban a vanguardia fueron recogiendo más presos y animales para la tropa. En un punto intermedio, antes de llegar a Moquella, encontré un entierro de zapatos, varias piezas de bayetas, cigarros, fósforos medianos, en fin, muchas cosas útiles que hasta yo toqué de ellas. Llegamos a Moquella a las nueve p.m. En este punto me tocó la guardia de noche por cuyo motivo no dormí nada y muy vigilante pues tenía a mi cargo veintinueve presos, pues ya había aumentado a esa cantidad el número de cholos, entre ellos varios soldados de los derrotados de Pisagua que se encontraron escondidos en la altura de un cerro.

Al otro día a las nueve de la mañana abandonamos nuestro alojamiento costeando siempre la quebrada. Ya los cerros presentaban muy distinto aspecto pues no eran ya de arena o tierra movediza, no, eran de piedra o granito, pero estábamos muy al interior muy próximos a la cordillera. Las cuatro leguas que nos faltaban para llegar a Camiña las matamos, como dicen, en tres horas y media[134]. El camino en esta parte es algo incómodo por haber muchas subidas y bajadas que cansan un tanto. Camiña es una verdadera aldea con calles muy rectas que corren acequias por el medio, una iglesia grande la cual nos sirvió de cuartel. Consta de una sola galería con cinco altares de caliche muy toscos. El altar mayor es bonito, una particularidad tiene y es que no tiene santos, sino santas, entre ellas conocí a Santa Rosa de Lima. Las casas son feas. El mismo día que llegamos nos llovió fuerte teniendo que guarnecernos en la iglesia sin poder salir afuera. Al otro día de llegar se nos dio culto libre para saquear la población ya abandonada, encargándosenos que había muchos entierros de armas y que los buscáramos y las entregáramos. Varios entierros de provisiones se encontraron. Yo toqué una linda manta de merino cardado, un saco de chancaca de Paita, la cual la devoramos en el tiempo que estuvimos allá. Pensaba en los niños, pero cómo transportarla a Jazpampa y aunque hubiera sido un paso es muy difícil. Dos sombreros de pita finos que los cambié por una yegua muy bonita que me sirvió para venirme y la tengo pastando en Quiuña y una infinidad de porquerías que a un soldado mucho le sirven. La manta y una jáquima bordada por las indias conservaré como recuerdo de la exploración y que en la primera oportunidad remitiré a casa. Licores, monturas, armas (como noventa rifles) ropa de mujer y hombre, pie-

---

134. Camiña, pueblo situado en el centro de la quebrada de su nombre a 150,5 km. de Pisagua, con una población de 530 habitantes hacia 1890.

zas enteras de género, en fin, muchas cosas, entre ellas cóndores[135], plata feble, níquel y billetes peruanos fueron el resultado del registro de la población.

Tres alegres días permanecimos allí ocupándome yo, con el teniente Castillo[136], en tomar declaraciones a los presos y haciéndoles azotar para que confesaran la verdad de los entierros que habían. Comimos muchos corderos y gallinas.

El día de regreso se rodearon todos los animales que había y se permitió a la tropa que tomaran cabalgaduras para la marcha. Así sucedió y yo en mi yegua me vine muy bueno. Nos volvimos por el mismo camino no habiendo nada de particular que contarles. Traíamos veintinueve soldados prisioneros y veintinueve paisanos entre los primeros un capitán Aranibar y un teniente Andía, tal vez pariente de nosotros[137].

Llegamos a Jazpampa el seis habiendo pasado el año nuevo en Moquella y de guardia. Nos salió a recibir la banda de música y encontramos muchas nuevas. En primer lugar, que el señor Lagos ya era coronel efectivo por cuyo motivo se le inició una suscripción para comprarle las charreteras y el sombrero apuntado y contribuí con dos guapos pesos y me dio dolor de barriga el día que los di. Alcanzó la suma a trescientos pesos y ya se escribió al señor Barceló para que los comprara. Anoche con tal motivo se dio un espléndido banquete al nuevo coronel. Yo fui convidado… pero… pero… estaba un poco indispuesto y no asistí… (¡pobre diablo!). Otra de las nuevas era el ascenso a oficiales de dos sargentos segundos, un sobrino del comandante y un joven Ramírez amigo mío[138]. Otro: que dentro de cinco días marcharemos todo el ejército sobre Arica y Lima. El Lautaro[139] entró a Ilo y saqueó el puerto huyendo en seguida, pues vino un gran refuerzo del enemigo que no era posible hacer resistencia expuestos a sufrir un descalabro. El ministro de la guerra[140] está en Santa Catalina[141], conferenciando con el señor Escala sobre un plan de ataque. Dios les ilumine el entendimiento para que buena estrella nos guíe.

Mamá: aquí va lo mejor para nosotros. Ayer me llamó el teniente Castillo y me dijo que me arreglara y estuviera listo pues el comandante me iba a llamar a mí y a un joven Huerta Solís[142]; que deseaba conocerme y que me habían recomendado mucho a él. No me llamó ayer pero ahora tal vez lo

---

135. La moneda de diez pesos chilenos.
136. El teniente Domingo Castillo del batallón segundo de línea del regimiento Santiago.
137. El apellido original del autor es Andía y Varela.
138. Francisco Esteban Ramírez, subteniente del regimiento Santiago.
139. El regimiento Cívico Lautaro, creado en mayo de 1879.
140. El Ministro de la Guerra era Rafael Sotomayor Baeza.
141. La oficina salitrera Santa Catalina.
142. El subteniente Desiderio Huerta Solís del batallón Santiago.

haga y estoy listo. Se habla mucho que estoy propuesto para aspirante. Yo ya cuento casi con seguridad que dentro de poco menos de un mes cargare un galón en el quepí.

En este momento recibo una carta suya con fecha veintiséis de diciembre. Mucho me alegro pues hacía tiempo que no recibía ninguna. De aquí en ade-lante no desampararé el *Manuel* puesto que usted lo quiere. El motivo por que lleva la carta anterior fecha del mismo día del combate de Tarapacá fue porque la habría principiado antes de partir para…Con el apresuramiento de la partida la deje sin concluir continuán-dola al regresar y olvidándome cambiarle la fecha. Desgracia fue el no habernos encontra-do en la batalla pues con nosotros no habría sucedido lo acontecido pues un refuerzo de mil doscientos hombres es algo y en lugar de tener una derrota hubiésemos salido comple-

Mamá: aquí va lo mejor para nosotros. Ayer me llamó el teniente Castillo y me dijo que me arreglara y estuviera listo pues el comandante me iba a llamar a mí y a un joven Huerta Solís; que deseaba conocerme y que me habían recomendado mucho a él.

tamente victoriosos, pero llegamos muy tarde, como siempre, y ya se saben las consecuencias. Ricardo Rojas es un valiente y cuando lo vea felicítelo de mi parte, que le envidio la pérdida de su brazo, ¡pues ha actuado en defensa de su patria!

Vacantes de oficiales hay cinco y tal vez seis y un poquitito más de empe-ño tal vez… En la otra carta le relaté la entrevista con el señor [ilegible] y la carta que le escribí tal vez la debe haber recibido hoy y ha recibido muy bien al mismo tiempo. De Alejandro no he sabido nada, nada y pienso escribirle luego. Mañana tal vez venga a Pisagua y ojalá esté en el Blanco. Diarios no he recibido de que nos marchamos a la cordillera. A Daniel dígale que espero cargar la espada para escribirle para que él también lo haga pues no es posible que todo un futuro abogado le escriba a un roto…y que Dios quiera que su título lo obtenga con felicidad, lo que no dudo. Pero como ha …. sí señor. ¿Qué es de Alcalde? ¿Murió? A Urzúa que lo felicito por su próximo enlace y que para cuando yo vuelva lo encuentre con una docena de guatoncitos. Que dispense la expresión.

Siento mucho las penas que pesan sobre mi casa, pero qué hacerle, ¡no seremos llamados a ser felices! Recordemos al santo Job, sufrió con resigna-ción, mas después obtuvo el premio inmenso de Dios. No importa sufrir un poco cuando se tiene libre la conciencia de vanidades. Conformidad, solo que no entre enfermedad, riámonos de la pobreza. Mucho he celebrado que haya estado Retamal con usted, pues él debe haberle dado los recados que le mandé y noticias de mí. Dele memorias si lo vuelve a ver y escríbame con él cuando se venga. Si no le ve a usted muy pesado vea modo de mandarme unas dos camisas y un par de botines que yo le mandaré el importe. También un poco de azúcar, tabaco, café, galletas y un tarrito de dulce de manjar blanco que todo lo puede mandar, en una canasta con Retamal que vive en la calle de Lillo número cincuenta.

Dele memorias a todas y ojalá que usted vuelva a ir a gozar de las flores del campo para que le alegren el corazón, que tanto lo necesita.

Reciba un fuerte abrazo de su hijo que desea verla.

M. Ignacio Silva Varela
Dispense el papel porque no tengo otro[143].

---

143. Penúltima y última carilla de papel con un pedazo menos.

Campamento de Jazpampa, **9 de enero** de 1880

SEÑORA SABINA VARELA DE SILVA
Santiago

Mi querida mamacita:

Con inmenso placer le escribo esta para comunicarle una grata noticia que llenará de contento a usted y familia. Acaba de llamarme el señor mayor don Estanislao León[144], el cual me preguntó si había sido cadete y cuánto tiempo. Le contesté que sí y que un año y me dijo que había tenido muy buenas recomendaciones de mí, y que por eso me iba a proponer para subteniente efectivo de la primera compañía del segundo batallón y que ya había extendido mi nombramiento para mandarlo a Santiago.

> *Con inmenso placer le escribo esta para comunicarle una grata noticia que llenará de contento a usted y familia (...) me iba a proponer para subteniente efectivo de la primera compañía del segundo batallón y que ya había extendido mi nombramiento para mandarlo a Santiago.*

Vea usted pues mamá, cuan grata noticia es la que le comunico que puede ser que alivie un tanto su situación. También me encargó que le escribiera mandándole decir que viera el modo de mandarme algo para estar preparado, es decir, quepí, o al menos galón y paño negro que yo lo puedo mandar hacer y tiros para la espada, esta la tengo pues el subteniente Severin me va a regalar una. Estoy muy escaso de ropa blanca y puede hacerme de cuello parado para oficial es decir el cuello que no sea abierto. Yo le mandaré unos treinta pesos para los gastos. El sueldo es de 51 pesos y 20 de gratificación que asciende a 71 pesos 66 centavos, de los cuales 35 serán para usted. Los despachos se demorarán 15 a 20 días en llegar y necesito estar preparado. Necesito igualmente una media vara de galón para el hombro y fijador del quepí, o mejor usted lo manda a hacer allá todo. Pañuelo de narices no tengo ninguno. Todo lo puede mandar cuanto antes a Valparaíso donde el hermano de Severin, el cual lo remitirá donde él y para esto le remite un sobre con la dirección. Botines no deje de mandarme. Yo voy a hablar para que me den unos 30 pesos con anticipación los cuales se los remitiré. En fin, mándeme todo lo que crea conveniente y que se pueda. Cuéntele a don Miguel Gacitúa puede ser que él me haga algún regalo. Le encargo mucho sigilo pues con la indiscreción se puede dar lugar a reclamos y se puede arruinar la tortilla. Escríbale al capitán Sandoval dándole las gracias por sus empeños.

---

144. El sargento mayor Estanislao León, del regimiento Santiago.

Anoche en el banquete se pusieron de acuerdo Severin, el teniente Toledo[145], Castillo, Sandoval y el Ayudante Argomedo[146], que me quiere mucho, para sobre picadito hablarle al coronel lo cual hicieron, sintiendo tener buen efecto.

En fin, me despido de usted felicitándola por mi suerte, que es también la suya y salude a todas las de casa.

Su hijo que no la olvida

M. Ignacio Silva Varela

---

145. El teniente Pedro Pablo Toledo del regimiento de línea Santiago.
146. El capitán Julio Argomedo, ayudante del regimiento de línea Santiago.

Campamento Jazpampa, **11 de enero** de 1880

SEÑORA SABINA VARELA DE SILVA

Mi querida mamacita:

En este momento acabo de recibir una suya con fecha dos del presente[147] y he tenido el mayor gusto que haya ido Retamal a casa, pues él les habrá dado noticias mías. Últimamente le escribí otra y por ella se impondrá de la fausta nueva que le cuento. Aproveche la ocasión de si puede y no le es muy pesado de mandarme con Retamal camisas, pañuelos y medias que no tengo ni con que presentarme entre la gente. En la anterior le digo que le mandaré unos treinta pesos para esos gastos más necesarios, pero no me conviene de ninguna manera pedir tanta cantidad antes de tener los despachos en las manos y sería un motivo para que hablaran por esto, se hará lo posible y nada más. Ya le escribí a Alejandro a ver si él me manda algo.

> *Aproveche la ocasión de si puede y no le es muy pesado de mandarme con Retamal camisas, pañuelos y medias que no tengo ni con que presentarme entre la gente.*

Ya compré (al fiado) un capote. Espada tengo, pero sin tiros. Quepí es lo más necesario y no tengo. En fin, teniendo botines y ropa blanca, de lo demás me puedo proporcionar entre los amigos.

Dele muchas memorias a Daniel y a los amigos que pregunten por mí.

Concluyo porque ya vamos a formar.

Memorias a todas. Su hijo que la quiere.

Manuel Ignacio

---

147. No se conserva.

Campamento de Jazpampa, **25 de enero** de 1880

SEÑORA SABINA VARELA DE SILVA
Santiago

Mi queridísima mamá:

Hace ya tiempo que no recibo carta suya y no acierto a comprender el motivo que habrá habido para tanto atraso en escribirme. Yo les he escrito dos ya, en las cuales les comunico que seré oficial. Los despachos vienen en camino. En cuanto a lo que le digo que compre quepí, etc. etc. no lo haga porque ya tengo todo y solo de ropa blanca carezco.

Alejandro está en Pisagua. Tal vez a fines del mes marcharemos sobre Arica a dar un golpe.

Aquí lo pasamos muy divertidos, pues jueves y domingos tenemos función de comedias, títeres, volantín. Un sargento compuso un drama: "La batalla de Tarapacá" y ha obtenido muy buen éxito; viene gente de los demás campamentos a las fiestas. Yo no he tomado parte porque estoy muy serio. En el drama, sino de consueta.

Aquí lo pasamos muy divertidos, pues jueves y domingos tenemos función de comedias, títeres, volantín.

El señor Lagos ha sido nombrado Jefe de Estado Mayor, y con motivo de su separación desde que el viejo Barceló quedara de primer jefe ha dado lugar a que seis capitanes hayan hecho su renuncia o pasado a otros cuerpos. Entre ellos se encuentra comprendido el capitán Sandoval, el cual se irá a la Academia Militar. Al viejo Barceló no lo quieren ni los soldados. El mayor León también se retira.

En fin, va a haber una bolina de los diantres, lo cual obligará al gobierno a cambiar el jefe.

Recibí del señor Gerkens gran número de diarios. Le agradezco infinito y siempre estaré muy reconocido a su comportamiento conmigo. Dele finos recuerdos de mi parte y que le doy infinitas gracias; que le

En fin, va a haber una bolina de los diantres, lo cual obligará al gobierno a cambiar el jefe.

ofrezco ya mi galón y espada para lo que le pueda servir ya sea matando cholos o empeñado en conquistar la hermosa y desgraciada Lima. Dígale que ya siendo oficial echaré la vergüenza dentro del tintero y le escribiré una cartita.

He estado aquí con el cojo Gomes y ha estado tres días. Se va al Buin[148]. Muy cariñoso conmigo. A Daniel que ya puede escribirme porque ya no soy roto...

A David que me escriba y a todos que después del combate de Arica (o al freír los huevos) les escribiré.

Tengo ganas de retratarme, pero en Arica o Lima lo haré.

Concluyo porque la locomotora silba, la banderola colorada del conductor se bate al viento y los pasajeros toman colocación en lo mullidos cojines de... ¡sacos de harina tostada!, ¡a la fresca sombra de Febo!

Memorias a la seca y a la meca, a la fulana que me escriba, a mengano ídem.

¡Ah! Se me había quedado en el tintero... recibí de la señora Sabina V. de Silva, por conducto del señor Retamal, una encomienda conteniendo tantos paquetes de tabaco, dos hermosos y nunca bien ponderados pañuelos de campaña, bastante papel de fumar y de escribir; todo envuelto en un trapo blanco por un lado con una inscripción "Sr. Manuel I. Silva Varela etc. etc." y por otro "Sra. Eufrasia Silva de P." y con olor a Elisita o Pochocha[149]. Un besito a cada una, menos a la última de la inscripción a la cual solo abrazo y memorias le corresponden.

A la mengana Tránsito que cómo va y que me escriba. A Ignacita y familia que le correspondo sus memorias... (por si acerté) y en fin que no me hagan caso por tanto disparate que solo el buen humor me hace reírme solo cuando les escribo.

Reciba el corazón de su negro que no la olvida.

Manuel Ignacio Silva Varela

P.D. Las cartas que les escribo consérvelas para después cuando llegue allá la... [falta][150].

---

148. El regimiento Buin, primero de Línea.
149. Su hermana Eufrasia Silva de Pérez y las hijas de esta, Elisa y Sabina Pérez Silva, que llaman Pochocha.
150. Falta la punta inferior izquierda de las páginas 1 y 3 e inferior derecha de las páginas 2 y 4.

Campamento de Jazpampa, **27 de enero** de 1880

SEÑORA SABINA V. DE SILVA
Santiago

Mi querida mamá[151]:

Deseo que estén buenas, sin enfermos, gozando de la dulce tranquilidad del hogar. Yo bueno, sin quererme morir. Alejandro bueno también. Ayer recibí carta de él con fecha veintidós y ese mismo día se fueron al norte con el Amazonas[152] tras un buque mercante que viene con armas de Panamá para los aliados y creo que les irá bien. Al recibir esta yo ya ostentaré en mi hombro izquierdo la presilla y en el cinto espada para aprovecharla, no como Quijote contras las guatas de vino, sino contra las guatas peruanas.

Alejandro me dice que le diga que no alcanzó a escribirle antes de irse pero que cuando vuelva lo hará.

Al recibir esta yo ya ostentaré en mi hombro izquierdo la presilla y en el cinto espada para aprovecharla, no como Quijote contra las guatas de vino, sino contra las guatas peruanas.

Nosotros estamos divididos ya en cuatro divisiones para "emprender nuevas operaciones bélicas" como dice textualmente la orden general. Quedamos en la segunda división al mando del coronel Muñoz[153] y jefe del Estado Mayor de esta división el teniente coronel de ingenieros militares don Arístides Martínez[154]. No sabemos dónde ni cuan… [falta].

---

151. Carta incompleta. Solo página uno.
152. El vapor transporte Amazonas, comprado a la Compañía Inglesa de Vapores en 1879. La carta aludida no se conserva.
153. El coronel Mauricio Muñoz ex comandante del regimiento Lautaro y por entonces jefe del Estado Mayor
154. El teniente coronel de ingenieros Arístides Martínez.

Campamento de San Antonio, **9 de febrero** de 1880[155]

SEÑORA SABINA VARELA DE SILVA

Mi querida mamá:

Nos encontramos en este campamento desde hoy después de una hora de camino pues dista este campamento legua y media de Jazpampa. En este mismo día como movidas por un resorte se encontraron reunidas todas las divisiones. La primera en Jazpampa, de donde pronto marchará a Pisagua a embarcarse para emprender una expedición al norte. La segunda (la nuestra) aquí en San Antonio componiéndose del regimiento segundo de línea[156], el Atacama[157], dos cuerpos invencibles y de probada bravura, el Bulnes[158] o pacos de Santiago, pero gente resuelta y brava, y el denodado Santiago[159], y por último una batería de artillería Krupp y un escuadrón de cazadores a caballo, al mando de esta fuerza el valiente viejo coronel Muñoz. La tercera en Dolores y por fin la cuarta en Santa Catalina[160]. Se cree que la marcha al norte se efectuará a fines de febrero.

Recibí su carta con fecha veintiocho del pasado y no comprendo cómo no ha recibido mi última en que le doy recibo del paquetito, y las gracias al mismo tiempo.

Estuve en Pisagua, donde fui a caballo con el subteniente Herrera Gandarillas[161] donde fuimos en comisión a tomar unas declaraciones.

Pronto tendremos aquí una ejecución de un soldado desertor por segunda vez en campaña y de cuya causa soy escribano.

No tuve tiempo para ir a ver a Alejandro lo que sentí muchísimo. Me mandó de regalo a este campamento un pantalón de lanilla azul oscuro, uno blanco, un chaleco ídem, seis pañuelos de algodón y 5 cuellos postizos. Me faltan tiros, es lo único.

Ahora comprendo por qué se han demorado tanto en llegar los despachos y Dios quiera que el ministro llegue y los firme luego para ir al norte de oficial.

---

155. San Antonio, emplazado cerca de la salitrera homónima cerca del ferrocarril a Pisagua.
156. El batallón 2º de línea, actual regimiento Maipo.
157. El batallón cívico Atacama.
158. El batallón Bulnes, formado a partir de la guardia municipal de Santiago.
159. El regimiento Santiago, del cual forma parte Manuel Ignacio Silva.
160. Aldea de Santa Catalina, con estación de ferrocarril.
161. Subteniente Carlos Herrera Gandarillas del batallón movilizado Melipilla.

Me alegro que haya paseado bastante pues así se alegrará un tanto su corazón.

Recibí una carta de Carlos Luco felicitándome por mi ascenso[162], pero como yo no soy tan leso le escribí una muy fría y en cierto modo dándole una reprensión pues me vino a escribir cuando supo que había cambiado de posición y no lo había hecho antes. Que ni se le ocurra escribirme otra vez pues no le contestaré.

Cuando le escriba a mi mama Carmen exprésele mis agradecimientos por la alegría que le ha causado mi ascenso. ¡Pobre vieja! A la Carmen lo mismo y que me espere para cuando vuelva, porque pienso elevar una solicitud pidiéndole la venia al Gobierno para casarme y entonces... [borrado con lápiz negro distinto del usado para escribir la carta].

> *A la Carmen lo mismo y que me espere para cuando vuelva porque pienso elevar una solicitud pidiéndole la venia al Gobierno para casarme.*

Juntamente con su cartita recibí una buena remesa de diarios. A mi bueno y respetado amigo señor Gerkens dele un fuerte apretón de manos de mi parte y que no quiero escribirle hasta no tener algo nuevo e importante que contarle, porque escribirle sobre el calor del desierto, sobre las conocidas peripecias de la campaña o sobre las inverosímiles bolas que corren continuamente es un tema ya muy cansado y que carece de novedad. Pienso escribirle, como digo, cuando tenga material variado, serio e importante. Dele infinitas gracias por la molestia que se toma continuamente en remitirme diarios. A su señora y familia, felicidades.

Ya nuestro querido comandante Lagos se fue a hacerse cargo de la jefatura del Estado Mayor y en su lugar ha sido nombrado el señor Barceló y, en reemplazo de este, el mayor señor León. Va a haber un gran movimiento de oficiales en el regimiento y muchos ascensos, por consiguiente.

Hemos sentido mucho la catástrofe de la Artillería, pero ya sucedió, ¡qué hacerle!

Cuando fui a Pisagua llegaron los restos de los Comandante Ramírez y del Ayudante Garfias Fierro[163]. Pronto los llevaran a esa.

---

162. Carlos Luco, probablemente primo de Manuel Ignacio, casado con Juana Andía y Varela. La carta no se reproduce.
163. El coronel Eleuterio Ramírez y el capitán Diego Garfias Fierro, muertos en la batalla de Tarapacá.

En fin, memorias a todos y todas. A Luis que recibo sus cartas con fecha treinta y seis, cuarenta y cincuenta y dos del año que viene y que muy pronto... se las contestaré. A David le escribí, pero no he tenido contestación. Memorias.

A la Eufrasia que me escriba, que no sea floja, que la manta que me regaló de Antuco todavía la conservo y volveré con ella a Santiago porque es un precioso recuerdo y ella me ha salvado muchas veces del riguroso frio del desierto.

Concluyo dándole las gracias otra vez por sus regalos que todavía tengo papel, tabaco y los pañuelotes me han servido mucho.

Reciba un fuerte abrazo de mi parte.

Su hijo

Manuel Ignacio Silva V.

Se me había olvidado decirle que Alejandro me escribió; está bueno.

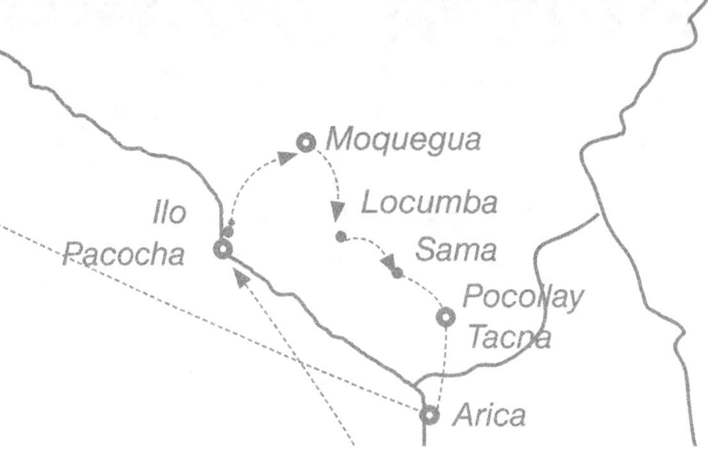

De Pacocha a Moquegua

Campamento de Pacocha, **27 de febrero** de 1880[164]

SEÑORA SABINA VARELA DE SILVA
Santiago

Mi inolvidable mamacita:

Supongo que habrán estado muy inquietas por mi tardanza en escribirles, pero no lo extrañe porque muchas veces no tenemos tiempo ni para...Partimos de Pisagua toda la expedición, el veinticuatro y llegamos a este puerto el veinticinco a las nueve a.m. Luego partiremos a Arica a dar un malón. Ilo[165] y esta se entregaron sin resistencia pues huyeron. Tal vez vamos a Moquegua[166], Torata[167] y Arica. Alejandro bueno, anda en la lancha-torpedo de comandante de ellos. Le escribo ligero porque voy con cincuenta hombres de guarnición al rio de Ilo, una legua de aquí. Es un precioso punto; un rio caudaloso, bosques muy lindos, plátanos, brevas, en fin, un precioso lugar. Escríbame luego con la dirección a Pisagua, que de ahí remiten la correspondencia a donde estemos.

Le escribo ligero porque voy con cincuenta hombres de guarnición al rio de Ilo, una legua de aquí. Es un precioso punto; un rio caudaloso, bosques muy lindos, plátanos, brevas, en fin, un precioso lugar.

Memorias a todas y luego le escribiré con sosiego. En cuanto a la asignación no hubo lugar de hacer la solicitud en Pisagua y hoy o mañana la haré. La de sargento tal vez la habrán retirado.

Su hijo que no la olvida

Ignacio

---

164. El puerto de Pacocha vecino a Ilo, en Perú, donde acampó la expedición.
165. El puerto de Ilo situado al sur del anterior.
166. El pueblo de Moquegua en Perú.
167. Torata en la costa del Perú.

Campamento de Pacocha (o Ilo) [sic], **3 de marzo** de 1880

SEÑORA SABINA VARELA DE SILVA
Santiago

Mi querida mamacita:

Hace algún tiempo que no tengo el gusto de saber de usted y familia, pero supongo no será por olvido, sino algún inconveniente y atraso de las cartas.

> *Nos formábamos un mundo de bellas ilusiones: ya un reñido combate en el cual conquistábamos la inmarcesible gloria que tanto nos halaga; ya la triunfante posesión de Lima o Arica do quizás labraríamos con la punta de nuestras espadas nuestro hermoso porvenir...*

Como le anuncio en mi anterior, partimos del Campamento de San Antonio el veinticuatro del ppdo. con dirección a Pisagua, a las cuatro de la mañana. La marcha se efectuó en masa, toda la segunda división compuesta del regimiento Segundo de línea, el Santiago, Bulnes y Atacama al mando de su respectivo comandante coronel Muñoz y Estado Mayor respectivo. Llegamos sin novedad a Pisagua a las tres de la tarde, un poco cansados, pero con el entusiasmo consiguiente, pues nos formábamos un mundo de bellas ilusiones: ya un reñido combate en el cual conquistábamos la inmarcesible gloria que tanto nos halaga; ya la triunfante posesión de Lima o Arica do quizás labraríamos con la punta de nuestras espadas nuestro hermoso porvenir... En fin, la entrada gloriosa a la bella capital ¡con el sello de nuestro heroísmo en un brazo o pierna o en el casco de nuestras cabezas!

Llegamos a Pisagua. La primera división ya estaba embarcada, compuesta del regimiento Buin primero de línea, el Esmeralda[168], el Valparaíso[169] y Navales; toda la artillería y caballería, el parque y demás comestibles del caso. En el acto de llegar nos dirigimos al muelle a embarcarnos en el Copiapó[170], que listo nos esperaba. Lo efectuamos. Tras de nosotros venia la tercera división, compuesta del regimiento cuarto de línea, Artillería de Marina[171], Chacabuco y Coquimbo[172]. Se puede decir que en unas pocas horas estaba el Ejército, aunque no todo, listo para marchar. Efectivamente a las cuatro de la tarde un sonoro cañonazo del Blanco anunció la orden de partida al convoy. Este

---

168. El batallón cívico Esmeralda.
169. El batallón Valparaíso, integrado por la guardia municipal de ese puerto y costeado por el ayuntamiento local.
170. El transporte chileno Copiapó de la Compañía Sudamericana de Vapores puesto a disposición del gobierno conforme al contrato suscrito con el Estado en 1874.,
171. El regimiento de Artillería de Marina.
172. El batallón Coquimbo.

se componía: Blanco, Magallanes, Abtao, Amazonas, Loa[173], Toltén[174], Santa Lucia[175], Copiapó, Matías Cousiño[176] remolcando al Memphis[177], Angamos[178], Itata[179] y los buques de vela Memphis, Umberto[180] y Elvira Álvarez[181].

La despedida fue tierna y al mismo tiempo alegre. El fingido llanto de las ninfas de Pisagua, la jocosa pasa de los soldados al ver esas ninfas, los vivas y gritos que trastornarían la cabeza.

Pasamos por Arica muy afuera de noche y llegamos aquí a las nueve de la mañana.

Primeramente, se hizo desembarcar dos compañías de artillería de marina que venían en el Blanco, para reconocer la costa y la altura que domina la población; el desembarco se ejecutó lejos del puerto y esperamos que el tricolor estuviera flameando en la torre de la iglesia para empezar a desembarcar nosotros. Así se hizo. El pueblo abandonado. Es muy bonito y las casas, de madera, son preciosas. Como media legua del pueblo desagua el rio Ilo[182] sobre el cual existe el antiguo puerto de este nombre. El cajón del rio es una preciosa quebrada donde hay higos, duraznos, plátanos, peras y diferentes frutas. Es mucho más grande y correntoso que el Loa y en el mar se nota como a tres cuadras su corriente y lo turbio de sus aguas.

Encontramos cuatro máquinas (las mismas que dejó Arístides Martínez) descompuestas, mas las piezas que les faltaban se trajeron pues sin las que Martínez se llevó. A la fecha se encuentra lista una. La línea no es de tan difícil acceso, como la de Pisagua.

Lo curioso es la infinidad de fosos que hay en la playa, para defenderse cobardemente en caso de un desembarco, pero ni los fosos, ni la configuración casi inaccesible del terreno los impulsa a sostener siquiera una débil resistencia. Los tales fosos nos han venido de perilla porque en la actualidad sirven a la tropa de jardín...

> *La despedida fue tierna y al mismo tiempo alegre. El fingido llanto de las ninfas de Pisagua, la jocosa pasa de los soldados al ver a esas ninfas.*

> *Lo curioso es la infinidad de fosos que hay en la playa, para defenderse cobardemente en caso de desembarco, pero ni los fosos, ni la configuración casi inaccesible del terreno los impulsa a sostener siquiera una débil resistencia.*

---

173. El vapor transporte chileno Loa de la Compañía Sudamericana de Vapores.
174. El vapor transporte chileno Toltén, de la Compañía Sudamericana de Vapores.
175. El transporte Santa Lucía comprado por el Gobierno en 1879.
176. El vapor Matías Cousiño de la Compañía Carbonífera de Lota.
177. El buque a vela Memphis no figura en las listas de transportes.
178. El vapor Belle adquirido por la Armada en octubre de 1879 y rebautizado Angamos.
179 El vapor transporte Itata de la Compañía Sudamericana de Vapores.
180. El velero Humberto I.
181. La barca velera Elvira Álvarez.
182. El rio Ilo llamado también rio Moquegua.

Esperamos únicamente que las cuatro máquinas estén listas para nuestra expedición a Moquegua, Locumba … [ilegible] y Sama pasando tal vez por Torata y de ahí a Arica a dar el golpe de gracia.

En la pasada semana fue el Blanco, Angamos y Huáscar a Arica a ayudar al Cochrane y demás buques bloqueadores a bombardear el puerto y regresó el Blanco y Magallanes trayéndonos la triste noticia de que Manuel Thomson[183], nuestro amigo, había muerto ¡a causa de una bala que le llevó todo un costado! El Manco-Capac[184] le lanzó un bombazo a boca de jarro al Huáscar a tiempo que este le va a dar un espolonazo y entonces murió el bravo Thomson. Pronto vengaremos tan noble existencia. La escuadra está bombardeando a Arica cada media hora. El Blanco se encuentra aquí. Alejandro anda de comandante de la lancha-torpedo peruana desde que partimos de Pisagua y tal vez le haya tocado la honrosa y difícil comisión de aplicar torpedos. Se da aires de almirante con gorra inglesa blanca, levita de largos faldones y ambas manos en los bolsillos de acampanados pantalones ¡y sueña con la ínsula prometida!

Pasando a otra cosa, esperaba que llegara la mayoría únicamente para elevar la solicitud para asignarle la mesada, pues no se ha permitido hacer nada hasta que no llegaran los libros de la documentación. Hoy llegó y muy luego hablaré con el comandante.

Voy a concluir saludando a todas y que luego las iré a ver con un par de heridas y rodeado de una aureola de gloria.

Memorias a todos y todas, niñitas, amigos, amigas principalmente y usted reciba un fuerte abrazo de su negro y también de Alejandro que está bueno. De Arica le escribiré, pero les encargo serenidad porque es lo que se requiere.

Hasta luego

Ignacio Silva Varela
Tal vez mañana nos vamos a Moquegua.

---

183. Manuel Thomson, ya mencionado, por entonces comandante del Huáscar, fue muerto frente a Arica el 27 de febrero de 1880.
184. El monitor peruano Manco Capac.

Campamento de Pacocha, **8 de marzo** 8 de 1880

SEÑORA SABINA VARELA DE SILVA

Mi querida mamacita:

Mi único pensamiento es llenar mis ratos de ocio en cumplir con el sagrado deber de hijo, escribiéndole a menudo y teniéndola al corriente de cuanto sucede en estos mundos.

Mi único pensamiento es llenar mis ratos de ocio en cumplir con el sagrado deber de hijo, escribiéndole a menudo y teniéndola al corriente de cuanto sucede en estos mundos.

Con fecha 2 del presente se despachó mi solicitud para esa capital en la cual pido se le pague desde el primero de abril, la asignación de treinta pesos mensuales. Yo no sé si tiene que presentar usted la solicitud ya con el páguese, para que le den la mesada, o si no hay necesidad. En fin, en el acto que devuelvan la solicitud para que aquí lo anoten, se la remitiré.

Voy a cumplir con el encargo que me hace en su última de fecha veintiuno del ppdo. que la recibí el primero, contándole con pelos y señales cómo he llegado a ser oficial.

Cuando nuestro regreso de la expedición a Camiña, nos encontramos con la nueva del ascenso del comandante Lagos a coronel. Por ese motivo se le dio un banquete, obsequiado por los oficiales del cuerpo.

En dicho festín se habló sobre ascensos como era natural. Entonces el capitán Sandoval aprovechó tan buena oportunidad y habló que varios jóvenes clases [sic] del cuerpo merecían ser oficiales y me nombró a mí. Unos cuantos oficiales corroboraron dichas palabras y el coronel les prometió que al otro día me llamaría. Efectivamente, así sucedió y me dijo que me iba a proponer para oficial. Casualmente el mismo día recibió él una carta del Ministro Santa María[185] en que le encarga que me ascienda y hébeme [sic] aquí de oficial y mis amigos en San Antonio me dieron a reconocer y el comandante me llamó a su pieza, me dio cerveza y me dijo que Usted me había recomendado mucho a él y que era mi padre y que le pusiera una asignación de veinte pesos y otras cosas por el estilo. El amigo Severin me regalo la espada y la ropa, la mayoría. Mis sueldos de sargento todavía no me los han pagado, pero creo que no será gran cosa.

---

185. Domingo Santa María, Ministro del Interior.

Una buena noticia. Alejandro dio su examen y salió muy bien y ya fueron sus propuestas para teniente segundo. Tal vez lo trasborden a la Magallanes. Ayer pasé todo el día con él a bordo. También, el otro día, fue a conocer la quebrada a caballo con otros amigos[186]. Está muy gordo. Cuando voy a bordo me rodean los amigos marinos y nos llevamos riendo todo el rato que estoy con ellos. Un hijito del comandante López[187], de diez años, es aspirante y me quiere mucho y me pelea para irme a dejar a tierra. Es muy inteligente y parado como su padre.

Pasemos a las noticias bélicas. Ayer se embarcó en el Amazonas el regimiento tercero de línea y en el Blanco los navales, a más caballería y artillería, para partir hoy en la tarde con rumbo a Mollendo a tomarse los cañones de los fuertes de ese puerto, las máquinas y útiles de maestranza que es lo más necesario para poder componer las máquinas en mal estado que se encuentran aquí y facilitar nuestra expedición al interior. No nos hemos movido todavía por la falta de medios de movilización. Solo una locomotora hay compuesta. Sin embargo, no sentimos penalidades porque hay bastante agua y no faltando ella estamos contentos. El ñato Camus[188] parte en la expedición. Dicen que hay 2.000 hombres. Les llamaremos la atención por allá mientras los escarmentamos por acá. Arriaremos toda esta tropa de bestias a Lima el cual será el corral del degüello donde encontraran el afilado corvo del roto chileno. ¡Pobres animales! ¡Qué cruda muerte en la hermosa juventud de la vida! Cuando ya tocaba el cielo la torre de sus ilusiones, el roto le dio una patada y la derrumbó.

Me baño en el mar todas las mañanas temprano; como bastante y de cuando en cuando una copa de rico mosto Moqueguano asoleado al sol. Ya me parezco a Sancho de gordo.

Me baño en el mar todas las mañanas temprano; como bastante y de cuando en cuando una copa de rico mosto Moqueguano asoleado al sol. Ya me parezco a Sancho de gordo y con una hermosa dulcinea de Moquegua tocaría mi lira y al son de ella cantar nuestros amores y dar expansión a nuestra alma.

Las cantineras cada día más elegantes y solo les falta alas y pureza para ser palomas.

Anselmo Cruz Vergara anda aquí de cucalón[189]. Nos vinimos juntos en el Copiapó.

Memorias a todos sin falta y usted reciba el corazón de su hijo.

Manuel Ignacio Silva V.

---

186. La quebrada del rio Ilo.

187. El capitán de navío Juan Esteban López, comandante del Blanco Encalada.

188. El subteniente Luis Felipe Camus del batallón 3ª de Línea.

189. Anselmo de la Cruz Vergara, abogado e industrial. Se llamaba cucalón a los civiles en el frente de guerra.

Moquegua, **7 de abril** de 1880

SEÑORA SABINA VARELA DE SILVA
Santiago

Querida mamacita:

Con inmenso placer recibí su linda cartita con fecha veinticuatro, por la cual sé que toda mi querida familia se encuentra buena. Mi demora en escribirles ha sido motivada por la afluencia de acontecimientos que se ha sucedido últimamente, los cuales se los narraré por orden desde nuestra salida de Pacocha a Ilo. Pero, primeramente le daré noticias de Alejandro que cómo ya se lo comuniqué, es teniente segundo; lo han trasbordado a la Pilcomayo buque al mando del bravo Uribe[190]. Está bueno y muy contento. A estas horas deben encontrarse en el Callao, junto con el Blanco, Angamos y Huáscar con la misión de bombardear y atacar varios puntos de la costa. En este momento recibo carta de él con fecha tres y me dice que "mañana o pasado" partirán y que no nos veremos quién sabe hasta cuándo, pues es muy posible que no regresarán hasta que termine este martirio llamado guerra, ¡hágase lo que Dios quiera! Me dice que recibió carta suya, de Ignacia y Tránsito, <u>sus hermanas</u>, mías no. Pasaré a relatarle lo acontecido a vuelo de pluma.

Partimos de <u>Pacocha</u> el doce del ppdo. El Santiago, segundo de línea, Bulnes y Atacama; las brigadas de artillería de montaña y una de campaña Krupp, todos al mando del sin par coronel Muñoz. Ambulancias, víveres, municiones, nada faltó. A las seis p.m. se dio la orden de desfilar haciéndolo por el Alto y tomando la línea del ferrocarril[191]. Caminamos muy bien toda esa noche y al otro día a las diez a.m. llegamos a la primera estación que se titula <u>Estanque</u>. Dicho punto no es más que una miserable estación donde las locomotoras se surten de agua. Sesteamos ahí hasta las cuatro p.m., hora en que emprendimos la marcha, siempre por la línea, camino muy suave. Al otro día a las doce o una p.m. llegamos al malhadado punto llamado <u>Hospicio</u>[192] donde se creía que estaba el enemigo. En esta estación sufrimos bastante, pues nuestras caramañolas secas no encontraron una gota de agua para proveerse. ¡Pobres de nosotros! ¡Cansados, sedientos y sin agua! El estanque de la máquina, ¡seco también! El rio a cinco leguas de distancia. ¡La tropa desesperada empezó a tomar orines con azúcar! Se mandó a buscar agua al rio en caramañolas como a las dos de la tarde, pero el tiempo trascurría y el agua no llegaba... Un día entero de angus-

---

190. El teniente primero Luis Uribe Orrego.
191. El ferrocarril de Ilo a Moquegua.
192. La estación de Hospicio, del Ferrocarril a Moquegua a 53 km. de Ilo.

tias, mas ¿qué se hacía? ¡Esperar en Dios! Por fin el agua llega a las nueve p.m. pero mil caramañolas de agua ¿qué eran para cuatro mil hombres muertos de sed? Se recurrió al sueño para que por este medio se dejara trascurrir el tiempo con tranquilidad. Nosotros tuvimos una pipa de rico vino el cual nos salvó un tanto. ¡Todo se juntó en ese aciago día! La muerte vino a sorprender a uno de nuestros compañeros, un joven Navarro[193], el subteniente más antiguo y que estaba esperando sus despachos de teniente. Le dio un ataque de apoplejía y murió. Ahí mismo se le enterró y se le hizo sus honores.

> *En esta estación sufrimos bastante, pues nuestras caramañolas secas no encontraron una gota de agua para proveerse. ¡Pobres de nosotros! ¡Cansados, sedientos y sin agua! El estanque de la máquina, ¡seco también! El rio a cinco leguas de distancia. ¡La tropa desesperada empezó a tomar orines con azúcar!*

Al otro día la tropa ya no hallaba qué hacerse. Se fueron donde Muñoz a pedirle por favor que marcháramos, aunque fuera sin agua. El coronel accedió, mas ya unos cuantos soldados habían principiado a desbandarse con dirección al rio. Visto esto por el coronel, toca tropa y ordena a la artillería que rompa sus fuegos sobre esos dispersos, y a los cuerpos les ordena que si alguno se dispersa se le haga fuego inmediatamente. Visto los disparos de la artillería retroceden los fugitivos y la división se pone lentamente en marcha hacia adelante. Tal era la situación, que se temía una revuelta. Caminábamos los más sufridos, ¡pero el camino quedaba sembrado de rezagados! Por fin, como a la legua sentimos el pito de la máquina, que venía en nuestro socorro. ¡La salvación!

> *Tal era la situación, que se temía una revuelta. Caminábamos los más sufridos, ¡pero el camino quedaba sembrado de rezagados! Por fin, como a la legua sentimos el pito de la máquina, que venía en nuestro socorro. ¡La salvación!*

Para abreviar tomamos harta agua y ya nadie se murió y los rostros enjutos y pálidos por la sed, se tornaron en alegres y risueñas caras. Continuamos y a las cuatro p.m. avistamos la gloria, es decir, lo verde del valle, las viñas, el rio, en fin, lo que deseábamos. Apuramos el paso, pero nos fue imposible llegar antes de la noche. A las ocho p.m. <u>compramos</u> campamentos en <u>Molle</u>. Mi primera acción fue irme a una viña. Tomé la mantita que me dio la Eufrasia y la llené de rica uva y me senté cruzado de piernas a comer. El primer grano me lo comí a la salud de mi madre, el segundo a la de mi familia y el tercero a la de la patria y los demás a la mía. Reventé, pero cumplí mis deseos y en seguida me acosté a dormir bajo de la misma parra. Dormí

---

193. El subteniente Zenón Navarro.

perfectamente hasta que el alegre trino de diana vino a despertarme. Qué lugar tan precioso: viñas inmensas cargadas de racimos, higueras, naranjos, limos, etc., etc. Ahí todo el reino de la vegetación tiene su representante. Existen bodegas muy buenas y cómodas. Los soldados lo primero que hicieron fue irse a ellas. La curadera fue espantosa, viéndose obligado el general Baquedano[194], que se reunió con nosotros en este punto, a hacer botar todo el licor que existía. Hasta a mí me tocó dicha comisión. Daba no sé qué botar vinos añejos. ¡Una bodega de vino de menos edad era de cuatro años y el más viejo de veinticinco! El francés vinicultor de esa hacienda nos probó que efectivamente tenía veinticinco años con documentos en la mano. Los peruanos han perdido ahí miles de miles, pero no se podía hacer otra cosa; se nos hubiera muerto la tropa. Estuvimos acampados bajo las parras tres días de gloria al fin de los cuales emprendimos la marcha con dirección a Moquegua que distaba de este lugar cinco leguas. A la media hora de marcha llegamos a <u>Conde</u>[195], la primera estación que hay en el valle. Es encantador, de aquí parte la línea por el medio de las viñas agua en abundancia y todo lo apetecible amen de gallinas, corderos y etc., que nos estorbaban el paso y era necesario darles un merecido castigo.

Marchamos muy despacio pues era necesaria la precaución para no ser sorprendidos por alguna emboscada. Continuamos pasando haciendas y admirando tanto nuevo para nosotros. Allá en medio de una viña se divisa una blanca casita; allá debajo de una higuera otra casucha; acullá una inmensa bodega y así era todo. Como a las nueve a.m. llegamos a una nueva estación <u>San José</u>[196]. Estación como las demás. Continuamos la marcha, cuando como al cuarto de hora una avanzada de cazadores nos anuncia que otra avanzada enemiga va huyendo por el alto. La dejamos que huyeran y continuamos tranquilamente. Después de una hora de pausada marcha llegamos a <u>Calaluna</u>[197] la última estación antes de llegar a <u>Moquegua</u> y muy cercana; aquí nos alistamos como para un próximo ataque, se dio víveres y municiones a la tropa y se desenfundaron los rifles. Continuamos la marcha y como a las once a.m. divisamos la inmensa y celebre ciudad de los incas que desplegaba al aire infinidad de banderas de toda nacionalidad menos peruana y chilena. Presenta un bonito aspecto verla desde lejos, sepultada en el valle al

Existen bodegas muy buenas y cómodas. Los soldados lo primero que hicieron fue irse a ellas. La curadera fue espantosa, viéndose obligado el general Baquedano, que se reunió con nosotros en este punto, a hacer botar todo el licor que existía. Hasta a mí me tocó dicha comisión. Daba no sé qué botar vinos añejos.

---

194. El general Manuel Baquedano.
195. Estación Conde en el Ferrocarril a Moquegua a 80 km. de Ilo.
196. Estación San José a 83 km. de Ilo.
197. Estación Calaluna a 91 km. de Ilo.

pie de un inmenso cordón de cerros. Todavía estábamos como legua y media de distancia del pueblo. En el camino encontramos un magnifico puente de fierro al cual habían sacado los rieles de la línea y los grandes durmientes, pero un perjuicio tan mal ejecutado que a los dos días de haber llegado ya estaba compuesto pasando la maquina sin novedad. Llegamos a la estación acampándose la división sin resistencia de ninguna clase. La estación del <u>Alto de la Villa</u>, que así se llama es bonita y espaciosa. Existían dos máquinas a las cuales les habían sacado las principales piezas dejándolas inútiles, pero, luego esas piezas fueron encontradas enterradas, utilizándose las máquinas. El pueblo se encuentra como media legua de distancia y hay que atravesar el rio para ir. He ido dos veces, pues es muy difícil que den permiso. Es bonito; casas antiguas y muy altas. Las calles muy angostas y empedradas. Iglesias feas y antiquísimas. Hay una fotografía donde estoy esperando tener plata para retratarme. Las niñas son muy buenas mozas. Al poco tiempo de llegar tuvimos que lamentar una desgracia. El compañero Lagos[198], sobrino del coronel, fue en compañía de otro subteniente al pueblo a pasear y se alejaron mucho hacia el lado de <u>Torata</u>, llegando hasta cerca de <u>Ángeles</u>[199] donde se encontraban los enemigos. Estuvieron en casa de una chilena y esta los entretuvo con una cazuela y por bajo cuerda mandó avisar a los peruanos que en su casa se encontraban dos oficiales con cuatro soldados. Vinieron los peruanos y tomaron prisioneros a Lagos y los soldados. El otro joven escapó. Se lo llevaron a <u>Torata</u> y de ahí a Arequipa. ¡Qué mala suerte!

Vinieron los peruanos y tomaron prisioneros a Lagos y los soldados. El otro joven escapó. Se lo llevaron a Torata y de ahí a Arequipa. ¡Qué mala suerte!

Aquí como en <u>Molle</u> se toma riquísimos vinos. A Alejandro le mandé un barril y dos canastos de uvas, higos, limas, plátanos, etc., etc.

El veintiuno recibimos orden de alistarnos para marchar en la noche a dar una sorpresa al enemigo. Efectivamente marchamos el primer batallón del Santiago, el segundo de línea y una brigada de artillería de montaña a las órdenes del coronel Muñoz. El enemigo se encontraba muy bien atrincherado en la inexpugnable fortaleza de <u>Ángeles</u>, donde Piérola[200] con trescientos hombres derrotó dos mil del gobierno. Estaban completamente seguros de que la victoria sería de ellos. Marchamos toda la noche dando una vuelta inmensa para tomarles la retaguardia cortándoles la retirada, mientras el resto de la división los atacaba por vanguardia, es decir, por Moquegua. He aquí un diseño:

El baqueano se perdió y nos hizo andar demasiado y el resultado no fue el deseado. A la mañana siguiente aparecemos en una honda y enjuta quebrada frente a frente del enemigo que ocupaba el cerro de <u>Ángeles</u> o posición A del diseño.

---

198. El subteniente Orlando Lagos Pantoja.
199. El cerro Los Ángeles al noreste del pueblo de Moquegua.
200. Nicolás de Piérola, general y político peruano, más tarde presidente del Perú.

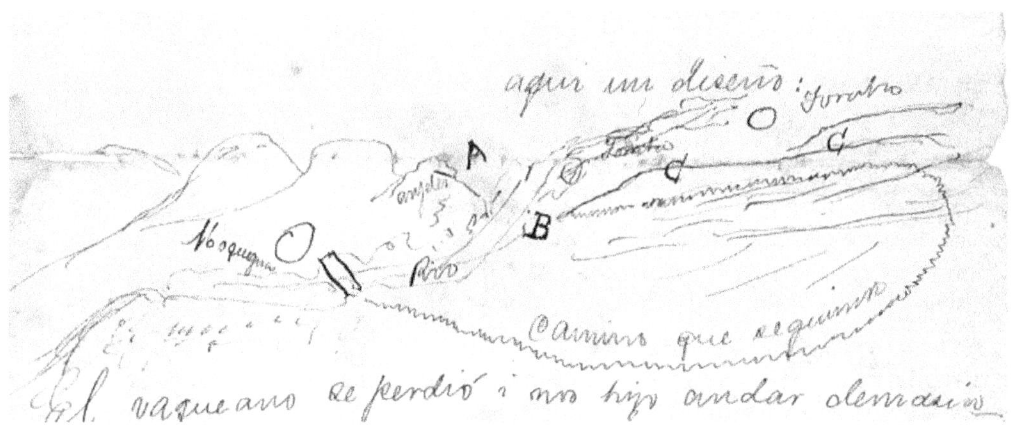

Apenas nos divisaron nos principian a hacer un nutrido fuego graneado, que si es descarga nos asesinan a todos. En el acto tomamos la posesión de una elevada cima donde se colocó la artillería. El Santiago estuvo el más expuesto pues estábamos a la orilla del rio y sirviendo de blanco a los cholos. De la posesión B ocupamos la C de donde pudimos maniobrar y batirnos perfectamente. Como a las tres horas y media (empezamos a las seis de la mañana) el resto de la división los empieza a atacar por el flanco derecho y la artillería de campaña rompe sus fuegos desde el Alto de la Villa[201] o campamentos. Se tocó cala-cuerda, es decir, calar bayoneta y nos fuimos como leones sobre el enemigo, el cual se dispersa y arranca en distintas direcciones. Infinidad de muertos y heridos quedaron sembrados en el campo de batalla de parte del enemigo; por nuestra parte tuvimos veintisiete heridos y ocho muertos. En los diarios verán los partes etc., etc., mejor que yo se los relate. Seguimos la marcha hasta Torata y regresando a Moquegua al otro día. Punto final.

Memorias a todas. Cuando me escriba ponga la dirección Subteniente del R... [sic].

Un caballero Castro[202] le manda memorias; el marido de la Adelina Araya. Es proveedor General de las Ambulancias. Por la cara me sacó que era descendiente de nobles. A mi madrina muchas memorias y que le agradezco sus buenos sentimientos. A don Gustavo que siento en el alma su enfermedad y que deseo que luego se mejore. Concluyo muy cansado por la correspondencia tan larga y...

Reciba el corazón de su hijo que no la olvida ni un momento.

Manuel Ignacio

---

201. Alto de la Villa vecino al pueblo de Moquegua.
202. Debe ser Víctor Castro, nombrado contralor de la Ambulancia n° 1 de regimiento Santiago en mayo de 1879.

Locumba, **1 de mayo** de 1880

SEÑORA SABINA VARELA DE SILVA
Santiago

Mi querida mamá:

Estamos en Locumba desde ayer. Partimos de Moquegua[203] el veintiocho llegando a Hospicio el veintinueve a las diez de la mañana. Alojamos todo el día y nos alistamos para marchar a las doce p.m. a este punto, donde llegamos ayer a las cinco p.m., atravesando en tan corto tiempo y a marcha forzada una distancia de doce leguas. Hoy a las cuatro p.m. nos dirigiremos a Sama[204] (otras diez leguas) y de ahí a Tacna[205], donde tendremos un magnífico encuentro con el enemigo. Todo el ejército se encuentra en Buena Vista[206] muy cerca de Tacna y solo nos esperan para dar el golpe. El ataque será muy crudo y en él espero conquistar gloria. Son las dos y media y ya van a empaquetar las cartas.

Memorias a todas y que no se olviden de mí. Reciba un abrazo de su negro.

Manuel Ignacio
Le mandé mi retrato – A la vuelta.
[al reverso]

Terry[207] me ha hecho romper el sobre para mandarle memorias.

---

203. Tachado "Hospicio".
204. El pueblo de Sama.
205. La ciudad de Tacna, capital de la provincia peruana homónima.
206. El poblado de Buena Vista, cerca de Tacna.
207. Subteniente Enrique 2° Terry del regimiento Santiago. Amigo de Manuel Ignacio que frecuentaba la casa familiar.

Valle de Sama, **5 de mayo** de 1880

SEÑORA SABINA VARELA DE SILVA
Santiago

Mi queridísima mamá:

Estamos en Sama a ocho leguas del enemigo desde el tres, día que llegamos. Aquí se encuentra todo el ejército o la mayor parte; faltan solo los Zapadores[208], que viene protegiendo la Artillera que todavía no ha llegado. Se espera solo al Colchagua[209], Aconcagua[210], Artillera[211] y Zapadores. Para irnos a Calana, lugar donde se encuentre el enemigo, distante tres leguas de Tacna más acá. No estamos propiamente en Sama sino en Buenavista una legua de Sama. El enemigo tiene doce mil hombres y últimamente ha llegado Campero[212] con tres mil más. Atacaremos como leones y Tacna caerá como Roma bajo el peso de la mano de Atila. Baquedano será el Atila de Tacna. Sesenta cañones y diez mil bayonetas serán nuestro material de guerra.

El enemigo tiene doce mil hombres y últimamente ha llegado Campero con tres mil más. Atacaremos como leones y Tacna caerá como Roma bajo el peso de la mano de Atila. Cantaremos gloria o el oficio de difuntos.

Creo que en 8 días más sabremos si estamos en este mundo o el otro o por lo menos un brazo menos. Si no sucede esto último no estaré contento; deseo ir a verlas lleno de gloria.

La noticia más importante que hasta la fecha sabemos es que el Callao[213] está ardiendo por tres partes. Los cholos de Moquegua se han vuelto el diablo con nuestra salida y dicen que van a formar más batallones y farsanteando están hechos unos locos.

En fin, cantaremos gloria o el oficio de difuntos en Tacna.

Memorias a todas. De Alejandro nada sé. La otra carta se las escribiré de Tacna.

Reciba el cariño de su hijo que la quiere

Manuel Ignacio

---

208. El regimiento de Zapadores.
209. El batallón cívico movilizado Colchagua.
210. El batallón cívico movilizado Aconcagua.
211. El regimiento de Artillería.
212. El Presidente de Bolivia Narciso Campero que asumió personalmente la conducción de las fuerzas.
213. El puerto de Callao vecino a Lima.

Campamento de Sama, **18 de mayo** de 1880

SEÑORA SABINA VARELA DE SILVA
Santiago

Mi querida mamá:

Mi único deseo es que usted no esté intranquila y tenerla al corriente de lo que sucede. Todavía no marchamos a la tierra prometida, pero en esta semana creo que se dará la gran batalla en que nos va, se puede decir, la vida de la patria.

Ahora también le escribo a Alejandro que todavía se encuentra en el Callao. De la Eufrasia recibí una carta, la cual se la contesté. No sé si han recibido mi retrato, estoy muy parecido.

Ha habido muchos enfermos por el mal temperamento y hasta yo he tenido un poco de fiebre, pero ya estoy bueno.

No les volveré a escribir hasta después del combate de Tacna para contarles lo que suceda y quién sabe si se las tenga que contar verbalmente, pues si me hieren me iré para esa a curarme.

El veintiuno del presente daremos el combate para recordar el veintiuno de mayo de 1879 en que tuvo lugar el combate naval de Iquique en que sucumbió el inmortal Prat. Quien sabe cuántos Prats habrá en Tacna.

Ya llegó toda la caballería (1.400 hombres) y el batallón Chillán.

Dele memorias a todas; a los niños muchos besos y usted reciba el abrazo cariñoso de su negro que no la olvida.

Manuel Ignacio

Tacna

Tacna, **8 de junio** de 1880

SEÑORA SABINA VARELA DE SILVA
Santiago

Querida mamacita:

¡Viva Chile! Estoy en Tacna sano y salvo. Gracias a Dios.

Impaciente estaba por escribirles pues comprendo lo intranquilas que estarán después de las noticias de la gran batalla. ¡Qué infierno! ¡Qué granizada de balas! Me miro y no creo que estoy vivo y si lo estoy creo ser inmortal, pues si no morí ahí no muero nunca.

El veintiséis fue el gran día para Chile. Antes de las doce dieciséis empezó el combate, concluyendo con la derrota completa del enemigo, a las dos y cuarto p.m. ¡Qué cantidad de muertos! Quedó el campo sembrado. Yo peleé de ayudante del señor Mayor[214], a quien mataron de tres balazos. Al corneta que nos acompañaba también lo hirieron y viéndome ya solo abandoné mi caballo echando pie a tierra y me replegué a mi compañía. El caballo lo tomó un herido por lo cual lo recuperé con todas mis cosas.

> *La gran batalla. ¡Qué infierno! ¡Qué granizada de balas! Me miro y no creo que estoy vivo y si lo estoy creo ser inmortal.*

La segunda división compuesta del segundo de línea, el Santiago y Atacama sufrió lo más crudo del ataque y nos tocó pelear con la división del centro enemigo que mandaba Campero. Tenemos muchas bajas, de ochocientas y tantos del cuerpo que pelearon quedan quinientas y pico. En mi compañía la primera del segundo batallón, de ciento doce que entraron en pelea ¡quedaron 32! El teniente y dos subtenientes de la compañía, heridos. En todo el regimiento tenemos seis oficiales muertos que son: sargento mayor señor Matías Silva Arriagada; teniente Nicanor Gómez Torres[215], subtenientes, mi amigo Carlos Severin, Emilio Calderón, hijo de don Tadeo, Ernesto Henry[216] y Amador Pinto. Heridos tenemos once entre ellos el comandante señor Barceló muy leve, el segundo jefe señor Estanislao León[217] perdió un brazo y el otro lo tiene herido. Luis Camus[218] sano y salvo pues venía en la reserva, más no sé cómo le habrá ido en Arica.

---

214. El sargento mayor Matías Silva Arriagada.
215. El teniente Nicanor Gómez Torres no aparece en la lista de fallecidos.
216. El aspirante a subteniente Ernesto Guillermo Henry.
217. El teniente coronel Estanislao León, segundo jefe del regimiento Santiago. Quedó inválido de sus heridas.
218. El teniente Luis Felipe Camus.

Rodulfo Echeverría[219], hermano de Florencio, murió. El enemigo huyó quien sabe para adonde. Hay muchos prisioneros; más de sesenta oficiales. Murió ayer el general Pérez[220], peruano que estaba herido.

La ciudad es muy bonita y grande, solo el valle es algo estéril y de poca vegetación. Las casas se comparan a las de Lira, siendo las calles muy parecidas a esta. Mucho comercio, pero todo muy caro a causa del bloqueo: veinte centavos unas copas de helados y ochenta centavos una docena de pasteles.

El teatro es como el Lirico[221] de esa y actualmente está convertido en hospital de sangre, donde me encuentro yo ahora pues estoy enfermo de fiebre, pero es poca cosa y mañana me doy de alta. Muchos son los heridos y los doctores se entretienen todos los días en cortar piernas y brazos. Mueren muchos. El campo de batalla está sembrado de cadáveres. La noche de la batalla tuve que dormir entre seis muertos pues ahí acampamos; uno me sirvió de almohada. El tres del presente marchó la reserva sobre Arica al mando del inteligente coronel Lagos y el siete cayó en nuestro poder. Hicieron volar medio batallón del Lautaro pues la ciudad la tenían minada con dinamita; por esto el general hizo pasar a cuchillo a tres jefes que mandaban las fuerzas y le perdonó la vida a un coronel por haberse rendido. El Manco-Capac lo echó a pique el Cochrane a espolonazos y tal fuerza le darían a la máquina del blindado que había empezado a incendiarse. También los cholos hicieron volar un fuerte con seiscientos de los suyos creyendo que eran chilenos.

> *El campo de batalla está sembrado de cadáveres. La noche de la batalla tuve que dormir entre seis muertos pues ahí acampamos.*

Esto, como me lo contaron, se los cuento.

En fin, voy a concluir porque estoy cansado y en la otra carta les mandaré más noticias. Supongo que habrán recibido mi retrato. De usted no recibo carta hace mucho tiempo. De la Eufrasia sí, que en Buena-Vista tuve el gusto de recibir una. Salude a mis hermanas y sobrinas en mi nombre y usted reciba el abrazo de su hijo que no la olvida, ni en el medio de las balas, y juntos demos gracias a Dios por haberme conservado sano y salvo.

Su negro,

Manuel Ignacio

---

219. Rodolfo Echeverría, ayudante del coronel Orozimbo Barbosa, no aparece en la lista de muertos.
220. El general boliviano Juan José Pérez.
221. El Teatro Lírico de Santiago, recinto para la presentación de óperas, anterior al Teatro Municipal de Santiago.

Tacna, **15 de junio** de 1880

SEÑORA SABINA VARELA DE SILVA
Santiago

Inolvidable mamacita:

En este momento he tenido el gusto de recibir una carta suya y otra de David Montané. En fin, después de tanto tiempo que no recibía una letra de mi querida familia, llegó una cartita tan corta que no me llena, no me satisface. Quisiera tener diarios enteros con noticias de mi casa; aunque esas cuatro letras que recibo encierran en si un mundo de cariños y consuelos. Cuando leo sus cartitas me parece que la estoy viendo, que no la abandona su entusiasta genio y ese "Viva Chile" que encabeza tan preciosas líneas me representa su entusiasmo y me da aliento para proseguir con ardor en el cumplimiento de mi deber, la defensa de mi patria, y ver concluida mi noble empresa para volver glorioso al seno querido de mi familia y gozar de las delicias que presta el hogar.

Ya tendrán conocimiento de la sangrienta toma de Arica. Fue espantoso. No se perdonó ni a chico y grande todos morían ensartados en las bayonetas chilenas; lo merecían. ¡Pretendieron diezmarnos por medios anticivilizados y fueron diezmados!

Ya tendrán conocimiento de la sangrienta toma de Arica. Fue espantoso. No se perdonó ni a chico y grande todos morían ensartados en las bayonetas chilenas; lo merecían. ¡Pretendieron diezmarnos por medios anti-civilizados y fueron diezmados! La cobardía los atolondró y por hacer volar a un batallón del Lautaro, reventaron una mina sobre la cual había seiscientos de los suyos, no escapando ninguno. ¿Habían visto brutalidad igual? La tropa, después del combate, obtuvo del General Baquedano, saqueo. ¿Figúrense qué no harían esos bárbaros? Se aperaron de todo, ropa, plata, relojes, espadas, en fin, a tal extremo que cuando regresaron a Tacna, el Lautaro y tercero de línea, ¡pusieron una feria en la estación! Yo compré bastante ropa y con el equipaje que dejamos en Pisagua, que va a llegar, voy a quedar muy surtido. Una espada peruana, muy bonita, que tomé en el campo de batalla, el veintiséis de mayo, la conservaré como recuerdo de esa memorable jornada y voy a comprar otra igualita, que me venden, para regalársela a Alejandro. Lo que obtuve como botín después del combate es lo siguiente: una bonita espada, un capote de paño con pieles que debe haber pertenecido a algún jefe, dos tiros de espada, un quepí de capitán cholo, una carpita para una persona muy bonita, una moneda francesa de oro de valor de cinco pesos y un caballo ensillado no muy bueno. Por lo que ven no anduve tan lerdo y tomé lo que pude, porque los soldados no dejaron nada.

Los que han logrado bastante han sido los jefes.

Voy a comprarle a un soldado un relojito de oro de señora, de los recogidos en Arica, que vende en 25 pesos y se lo destinaré a usted. Espero únicamente que nos paguen dos meses que nos deben. Mañana pagarán.

Para los puertos de Iquique, Pisagua e Ilo han llevado muchos prisioneros y heridos de ambas batallas.

Le daré la buena noticia que en tres o cuatro meses más seré teniente pues hago tres de antigüedad y van a haber muchas bajas de los heridos. Ayer no más le cortaron una pierna a un capitán Dinator[222] del regimiento, que naturalmente lo dan de baja.

Los doctores charquicanean a su gusto. Cortan piernas, brazos, muslos. Sacan carrillos enteros, ojos. Con tenazas le meten las tripas en la guata.

Ahora que digo algo de cortadura de pierna, los doctores charquicanean a su gusto. Cortan piernas, brazos, muslos. Sacan carrillos enteros, ojos. Con tenazas le meten las tripas en la guata y todo por el estilo sin compasión de ningún género. ¡Y se titulan doctores y no carniceros!

A Lima ya no vamos y se dice que aquí estaremos cuatro a cinco meses. Hay muchas niñas muy buenasmozas, puis, y dicen que los chilenos tienen la mirada muy ardiente, huá. Me he botado a enamorado y una fermosa dulcinea de Tacna, que cerca vive, me tiene malherido de punta de ausencia y llagado de las telas del corazón.

Me he botado a enamorado y una fermosa dulcinea de Tacna, que cerca vive, me tiene malherido de punta de ausencia y llagado de las telas del corazón.

Ahora hay ocasión para ir a hacerles una visita, y en usted solo está que, haciendo algunos empeñitos por allá, se puede conseguir permiso. Hable con don Egidio Gómez Solar[223], que él le puede indicar con quien se puede conseguir. Yo acá no puedo hacer nada porque es algo difícil.

Memorias, abrazos, besos, lágrimas de gozo, risas de ventura, felicitaciones por nuestras victorias, dulces palabras, en fin, de todo eso les remito a mis hermanas, hermano, legión de sobrinas, a Tabito, gran mariscal, amigos, enemigos y a cuanto prójimo pregunte por mi robusta persona y sana salud, y a usted un solo abrazo que vale por todo lo que le mando a los demás. Su perla...

Manuel Ignacio

P. D. Escríbame más largo, y sin lágrimas pues soy inmortal; no me mataron en Tacna...

---

222. Marcelino Dinator, capitán del regimiento Santiago
223. El teniente coronel Egidio Gómez Solar, comandante del regimiento Valdivia.

Tacna, **25 de junio** de 1880

SEÑORA SABINA VARELA DE SILVA
Santiago

Mi preciosa viejita:

¡Cuánto diera por verla! Me parece que alas tuviera y <u>libre</u> pudiera atravesar los aires me arrancaría de mi cautiverio para llegar a mi hogar, ¡ahí donde está lo que más estimo en el mundo, lo más precioso que puedo amar: mi madre! Mas, ¡qué hacerle! Debo cumplir como buen chileno y aunque un mundo me separa de mi familia otro mundo más allá, ¡nada sería antes que ver eclipsada la estrella hermosa de mi patria! La felicidad de esta es la de mi familia y por tanto debo contribuir con mi grano de arena para alcanzarla. Pero ¿seré tan desgraciado que no volveré tarde o temprano a ese hogar que tanto anhelo? ¡No y mil veces no! La justicia de Dios es inmensa y si tal sucediera me atrevería a exclamar: "¡Dios no es justo!" ¡Ah! ¡Uno no comprende lo que deja al abandonar su casa, pero luego un tumulto de sufrimiento lo hacen reflexionar! Repito, ¡cuanto no diera por verlas y estar a su lado! ¡Esperanza! ¡Esperanza!

La salud no me abandona, el entusiasmo la invita, gordo, patilludo, negro y grande, agregándole "chato, pelón, sin dientes y estevado", como dice don Andrés Bello. Siento que se haya perdido mi retrato para que se hubieran convencido de ello, pero no importa, en Tacna también hay fotografías y plata... también hay.

La salud no me abandona, el entusiasmo la invita, gordo, patilludo, negro y grande, agregándole "chato, pelón, sin dientes y estevado", como dice don Andrés Bello.

Estamos condenados a ser judíos errantes. Ayer llegamos de Sama encontrando la puerta cerrada y nos costó mucho abrirla... mañana nos vamos a Pachia, hallando franca la salida[224]. ¡Parece que no tenemos derecho a gozar de lo que caro nos cuesta! ¡Caro nos costó Tacna, pero se nos priva de verla! ¿Por qué? ¿No somos acaso dueños de ella? ¿No los que con nuestro empuje salvamos las formidables trincheras de bayonetas para llegar a conquistarla? ¡Injusticia! ¿Por qué se nos arroja a esos áridos potreros donde solo las bestias pueden habitar cuando podemos aprovechar las innumerables casas que existen desocupadas en el pueblo? No comprendo.

---

224. Pachia, caserío situado a unos 20 km. al noreste de Tacna.

Hoy estuve a ver a nuestro amigo Ernesto Pérez[225], que se encuentra en esta donde ha establecido una imprenta con un joven Moreira. Mañana saldrá a luz el primer número del "Eco de Tacna" redactado por ellos. A Antonio Prieto también lo vi, pero no he podido hablar con él. Actualmente se encuentra en Arica. Ernesto me hizo mucho cariño, pues tuvo mucho gusto de verme. Me encargó les diera memorias. Dijo que le había escrito a doña Carlota. ¿Qué es de la Carlotita? ¿Se casó? Dígale que no lo haga hasta que yo no vuelva, que me espere.

> *¿Qué es de la Carlotita? ¿Se casó? Dígale que no lo haga hasta que yo no vuelva, que me espere.*

De Alejandro nada he sabido, pero comprendo la causa de la demora en no recibir carta de él, porque tienen mucho que hacer y el tiempo les falta. Le escribiré luego. ¿Para qué le pregunto por Ignacita, Tránsito y Luis cuando no lo merecen? Ya se ve yo tampoco merezco sus recuerdos, mucho menos una felicitación por encontrarme vivo. Solo <u>una</u> de mis <u>cuatro</u> hermanas me ha escrito <u>una</u> carta durante <u>un año</u> que estoy lejos de ellas: la Eufrasia. Dios quiera que jamás me falten mi viejecita y mi querido hermano Alejandro que son los únicos que se acuerdan del pobre soldado. En fin, no importa, de la indiferencia me rio.

Dele recuerdos a Eufrasia y sobrinitas, a los buenos amigos Lucos, que en el acto que supieron que había salvado me escribieron felicitándome. Han hecho más que mis carísimas hermanas. Un ejemplo. A doña Carmen Casas de Cánnio que Luis está bueno y gordo. Lo mismo Balbontín[226] y los Gómez. A Alejandro Rodríguez[227], hijo de don Juan Esteban, lo hirieron por casualidad, últimamente, con un revólver, pero está fuera de peligro.

Reciba un abrazo de su negro que no la olvida.

Manuel Ignacio

225. Pariente de Antonio Pérez Gacitúa.
226. Francisco Balbontín, mencionado en la primera carta.
227. Alejandro Rodríguez M., alférez de granaderos a caballo, participó en la expedición a Camarones en enero de 1880.

Tacna, **5 de julio** de 1880

SEÑORA SABINA VARELA DE SILVA
Santiago

Mi querida mamá:

Mucho he extrañado su silencio en escribirme y no acierto a comprender la causa. De la Ignacita recibí una y mucho gusto tiene pues es la primera carta que recibo de ella. Ahora se la contestaré, aunque no tengo mucho tiempo, porque me encuentro empleado en la Mayoría del cuerpo[228] de secretario u oficial archivero, pero haré todo lo posible.

A Alejandro le acabo de escribir. Anoche supe por unos marinos del Abtao que se encontraba bueno. No me ha escrito hace algunos días.

Dele memorias a todas. No le escribo más largo porque tengo que ir a la estación a buscar la correspondencia.

Le pido el consentimiento para casarme con una tacneña muy preciosa y con mónis. No hay que perder el partido.

Su hijo que no la olvida,

Le pido el consentimiento para casarme con una tacneña muy preciosa y con mónis. No hay que perder el partido.

Ignacio

---

228. La oficina del sargento mayor.

Tacna, **7 de julio** de 1880

SEÑORA SABINA V. DE SILVA
Santiago

Mi querida mamacita:

Hoy ha sido para mí un día muy feliz, pues, recibí carta suya y de mi querido Alejandro. Este actualmente se encuentra bloqueando a Chiclayo[229], un puertecito o caleta al sur del Callao; está bueno y dice que, casualmente, la noche de la catástrofe no se encontraba de servicio.

Mucho me alegro que ande paseando un poco, que bastante lo necesita para que se distraiga y disipe esos tristes pensamientos que la enferman. Pasee, goce y ríase del mundo, que es lo que hago yo, porque de lo contrario lo pasaríamos en un continuo martirio.

¡Muchos deseos tengo de ir a Santiago! ¡Quien fuera a su patria, a su casa! ¡Ay! Muy difícil me parece que es. Me llevo formando castillos en el aire que pronto se desvanecen. ¡Quién oyera piano! En el pueblo no tocan y si uno no se deleita oyendo la rotuna guitarra y la gangosa canción, ¡no hay esperanza de oír un dúo a piano y violín o la entonación de la sentimental Mandolinata! Sin embargo, gocemos con el recuerdo y nada más... ¡Qué triste vida la del guerrero! ¡Oh, patria, con qué pagaras tantos sacrificios!

> *¡Muchos deseos tengo de ir a Santiago! ¡Quien fuera a su patria, a su casa! (...) ¡Qué triste vida la del guerrero! ¡Oh, patria, con qué pagarás tantos sacrificios!*

Anoche le escribí a la Ignacita y tal vez lleguen las dos cartas juntas.

El señor Barceló corresponde sus memorias. Yo me encuentro empleado en la Mayoría del regimiento sin hacer servicio de ninguna especie. Libre de guardias, de avanzadas, palmillas y demás <u>comestibles</u> y <u>jeringas</u> tan incómodas. Solo escribo y nada más.

Le adjunto un retrato, el único que queda. Tiene una particularidad: se lo había dado a un amigo del regimiento y este el día del combate lo perdió junto con sus cosas; cuando, como a las cinco de la tarde del mismo día (veintiséis de mayo) me llamó un caballero, pues yo pasaba a caballo, que andaba recogiendo

---

229. El puerto de Chiclayo.

heridos, para entregarme el retrato que por él me había sacado que yo era el dueño y en efecto, era mío. Está todo pisoteado y quebrado. Tiene mucho mérito y sentiría que se perdiera. Cuando haya plata me voy a retratar como entré en pelea, eso sí que, a pie, no a caballo: con botas granaderas, tahalí con puñal corvo y revólver, en fin, tal como fue.

A mi mama Carmen luego le escribiré una cartita mi pobre vieja, tanto que sufre por nosotros y hemos sido tan ingratos que no le hemos escrito, pero luego lo haré.

Cuando haya plata me voy a retratar como entré en pelea (...) con botas granaderas, tahalí con puñal corvo y revólver, en fin, tal como fue.

Hoy nos llegan reclutas para completar nuestras innumerables bajas, pues pasan de cuatrocientas. ¡A la fecha tenemos ocho oficiales muertos! ¿Se acuerda de un joven Benites[230], con quien fui una vez de sargento a casa y que nos quedamos a almorzar? Murió en la batalla como un bravo; ya era oficial, había ascendido en Moquegua.

De David también he recibido cartas. ¡Qué buen amigo! Dele muchas expresiones mías; también le [sic] escrito. No ha quedado un amigo que no me haya mandado felicitar y solo Luisito y Transitito no lo han hecho.

Mueva un poco los palillos por allá, a ver si se puede conseguir permiso para ir a verlas. Creo que usted puede conseguir. Han ido unos cuantos que las familias les han conseguido licencia, porque aquí no se puede hacer nada.

Estuve con Ernesto Pérez. Actualmente está en Arica y tal vez llegué hasta Iquique. Memorias le manda.

Supe que usted había presentado los anteojos de Grau a la exposición [tachado "expedición"] (hasta las palabras civiles las equivoco con las de la milicia). Mucho me alegro que usted haya prestado su contingente para enriquecer dicho museo con tan valiosa prenda.

Voy a concluir saludándolas a todas y usted reciba un abrazo de su negro soldado.

Ignacio Silva Varela

---

230. El subteniente Manuel Benítez, herido grave en Tacna.

Timbre del regimiento de línea Santiago

mas... ¡Que triste vida la del guerrero! ¡Ah! Palma con que pagaras tantos sacrificios!

Anoche le escribí a la Ignacita i talvez, lleguen las dos cartas juntas.

El señor Barceló corresponde sus memorias. Yo me encuentro empleado en la Mayoría del Rejmto sin hacer servicio de ninguna especie; libre de guardias, de avanzadas, patrullas i demas comestibles i jeringas tan incómodas; solo escribir i nada mas.

Le adjunto un retrato el único que queda. Tiene una particularidad: se lo habia dado a un amigo del Rejto: este el dia del combate lo perdió junto con sus cosas; cuando, como a las cinco de la tarde del mismo dia (26 de Mayo) me llamó un caballero, pues yo pasaba a caballo, que andaba recojiendo heridos, para entregarme el retrato que por él me habia sacado que yo era el dueño i en efecto, era mio; está todo pisoteado i quebrado; tiene mucho merito i sentiria que se perdiera. Cuando haya plata me voi a retratar como estuve en pelea, eso si que a pié no a caballo; con botas granaderas, tahalí con puñal curvo i revolvers en fin tal como fué.

A mi mamá Carmen luego le escribiré una carta

mi pobre vieja, tanto que sufre por nosotros i hemos sido tan ingratos que no le hemos escrito pero luego lo haré.

Hoi nos llegan reclutas para completar nuestras innumerables bajas, pues pasan de 400. A la fecha tenemos 8 oficiales muertos! ¿Se acuerda de un jóven Benites en quien fui una vez de sarjento la casa i que nos quedamos a almorzar? Murió en la batalla como un bravo; ya era oficial había ascendido en Moquegua.

De David también he recibido cartas. Qué buen amigo! dele muchas espresiones mias; también le escribo. No ha quedado un amigo que no me haya mandado felicitar i solo Binvito i Transitito no lo han hecho.

Muevan un poco los palillos por allá haber si se puede conseguir permiso para ir a verlas. Creo que Ud puede conseguir. Han ido unos cuantos que las familias les han conseguido licencia, porque aquí no se puede hacer nada.

Estuve en Ernesto Perez; actualmente está en Anca i talvez llegué hasta Iquique. Memorias le manda.

Supe que Ud había presentado los anteojos de

"Las letras y firmas al final de la carta, es evidente que fueron realizadas por la familia cuando la carta llegó a Santiago y no por Manuel Ignacio".

Pocollay[231] (Tacna), **1 de agosto** de 1880

SEÑORA SABINA V. DE SILVA
Santiago

Inolvidable mamacita:

¿Qué es de usted que tanto tiempo no me escribe y no se acuerda ya de su pobre ñato? Cada correo que llega casi devoro las cartas para buscar alguna de su letra, pero... nada y nada. Solo de Eufrasia y David recibí últimamente con fechas diecisiete y dieciocho del pasado, o será que las diligencias que está haciendo para que yo la vaya a ver no le dejen tiempo para escribirme... eso será y es. ¡Quien pudiera irlas a ver! Con algún empeñito se puede conseguir permiso. Por acá nada se puede hacer, ni intentar, porque el general no tiene derecho para dar licencia; solo el Ministro de la Guerra puede hacerlo. Hable con D. José Miguel Gacitúa[232], que él tiene muy buenos empeños. Eche por tabla a las Eyzaguirres, Tránsito Flores[233], Urmenetas, etc., etc., a toda esa gentuza que no le llegan ni a la punta de la nariz a las Silva Varelas (¡cómo van a llegar a la punta de la nariz cuando las tienen tan cortas!).

La vida aquí es tan sosegada que casi se convierte en aburridora. Ir al pueblo todos los días es cansador; solo los domingos cuando se va a hacer alguna visita a las simpáticas señoritas Arces o Valdés, etc., etc. Entretenciones de todo género no faltan para sacarle los ojos por cada cosa. Una noche en casa de las Arces bailé un wals[234], recordando aquellas intrusidades que cometía en Santiago, bastante trascordado, pero a fuerza de caballazos salí del pantano. Pero qué wals tan mal tocado. Si lo hubiera oído la Ignacita hubiera arrancado reventando en sangre por los oídos. Una cosa parecida me sucedió a mí, pues tuve con algodón en las orejas cerca de dos semanas... ¡Pero basta que lo tocara ella para que hubiera estado lindo, precioso, encantador! ¡Lo que es la política social que hace mentir al hombre!

Si no hay movimiento luego, yo estoy dispuesto para ir a Santiago de todas maneras, así es que no extrañen que yo me presente en casa de un momento a otro.

> *La vida aquí es tan sosegada que casi se convierte en aburridora. Ir al pueblo todos los días es cansador; solo los domingos cuando se va a hacer alguna visita a las simpáticas señoritas Arces o Valdés, etc., etc.*

---

231. Distrito entonces en los suburbios de la ciudad.
232. José Miguel Gacitúa Verdugo, padre de Abraham Gacitúa.
233. Tránsito Flores, la mujer del ex Presidente Pérez.
234. Vals.

De Alejandro, no sé hace días, pero supongo que estará bueno. Voy a escribirle ahora mismo.

Mucho me he alegrado que hayan recibido mi retrato, que deseo que lo conserven por tener su historia, que ya la saben, y que me recuerda la gran batalla.

A D. Gustavo le escribí, mas no sé si ha recibido la carta; mucho lo sentiría que se hubiese perdido. Sin embargo, no será la última y le encargo que le dé mis recuerdos, igualmente a su señora e hijita.

A la Eufrasia y David luego contestaré sus cartitas porque ahora no tengo tiempo. A la Ignacita y Tránsito que <u>una ~~no~~ es ninguna</u>, dice el refrán.

A las niñitas, que deseo muchos verlas y que me escriban. A la Anita[235], que quiero conocer su letra. A Don Tabo, que no se suba muy arriba de las higueras porque puede caerse y aplastarse las narices y quedar ñato como su tío. A la Pochocha grande y a la Pochocha chica, que no hagan tal de meterse de monjas porque eso queda bueno para las horribles y zapallonas que han perdido las esperanzas del himeneo. Dele mil besitos a cada una.

¿Cuándo me mandan el retrato de las sobrinitas? Mucho gusto tendría en conservarlos en mi poder. El suyo y el de Alejandro, que durante toda la campaña los he llevado en mi cartera, me los robaron junto con esta por el interés de un par de soles que tenía. Mucho lo he sentido, pues quería volver con ellos a Chile, aunque les pegué infinidad de papeles en el reverso para que no se pulverizaran y se los llevase el viento a ignotas y desconocidas regiones.

Reciba un fuerte abrazo de su hijo que no la olvida y que desea que no lo olviden y queda de usted su atento y seguro servidor que besa sus manos etc., etc., etc.

Manuel Ignacio Silva Varela

---

235. Su sobrina Ana González Silva.

Tacna, **21 de agosto** de 1880

SEÑORA SABINA V. DE SILVA
Santiago

Mi queridísima mamá:

Acabo de concluir de leer su cartita de fecha seis del presente y me pongo inmediatamente a contestársela. Me extraña que solo haya recibido solo una carta mía, pues, yo le he escrito unas cuantas a la casa número seis, reclámeselas al cartero.

Muchísimo me alegro que están tan bien en la nueva casa y ojalá que sea asiento seguro para dejarnos de tan incómodas mudanzas. Creo que la casa debe ser la que ocupaba un señor Hernández, muy bonita por fuera, con mampara. Si es esa, no es mala, y ¿cómo puede ser mala, teniendo al lado un bello grupo de encantadoras palomillas como las Rencoret? Eso es lo mejor de la situación de la casa.

Tuve el gusto de escribirle a mi pobre cieguecita, mi mama Carmen. Una carta muy larga y noticiosa que le va a gustar mucho, porque le cuento cómo ha sido mi vida desde que salí de Santiago hasta la fecha. Le mando decir que siempre le escribiré. Así lo haré.

Nos alegramos de que la cámara haya aprobado conceder medalla por el combate de "Los Ángeles", porque de lo contrario habría sido una injusticia para con nosotros, que tanto nos mortificamos.

A Don Gustavo también le escribí, pero no he tenido contestación. Los diarios los recibo de cuando en cuando y muchísimo se los agradezco porque me gusta estar al corriente de todo lo que sucede por allá.

Nos hemos alegrado de que la cámara haya aprobado conceder medalla por el combate de "Los Ángeles", porque de lo contrario habría sido una injusticia para con nosotros, que tanto nos mortificamos la noche del veintidós de marzo para sorprender al atrincherado enemigo y tomarles a la bayoneta sus encumbradas posiciones, obteniendo uno de los resultados más gloriosos para Chile. Le mandamos una felicitación, al mismo tiempo, dándoles las gracias, a los diputados Jordán[236] y Balmaceda (J. M.)[237] por su feliz éxito en la cámara.

---

236. José Luis Jordán Tocornal, diputado por Linares.
237. José Manuel Balmaceda, entonces diputado por Carelmapu.

El señor Barceló se va dentro de dos días a esa, junto con el ayudante Urcullú. El capitán Sandoval se marchó también. Terry y el comandante León se fueron a Valparaíso y solo falto yo que me vaya para quedar contento. En el acto que llegue el Comandante Barceló vaya a verlo. Se corre que va a hacer propuestas de tenientes antes de irse y si es así me corresponde una vacante, pero no estaré contento hasta no ir a hacerles una visita y no iré a Lima con gusto sin darles siquiera el ¡adiós! de despedida. Se me ha puesto ir a Santiago por bien o por mal.

> *Se me ha puesto ir a Santiago por bien o por mal.*

El general Sotomayor no sabe lo que dice, porque el Ejército no se mueve hasta abril del próximo año y no encuentro qué razón haya para no poder ir como van otros. Voy a escribirle a Don J. Miguel Gacitúa para que él se empeñe con sus innumerables relaciones. Estoy seguro de que él hará más que otros de mala voluntad. Lo mismo haré con don Egidio Gómez Solar[238]. Por la razón o la fuerza iré a Santiago.

A los Lucos cuando los vea dele muchas memorias; igualmente a todos los amigos que pregunten por mí.

A las niñitas un fuerte abrazo, a Tabito un par de palmadas en el popó. A mis hermanas salúdelas cariñosamente y usted reciba el cariñoso abrazo de su negro que pronto la irá a ver.

Manuel Ignacio Silva Varela

---

238. El teniente coronel Egidio Gómez Solar, comandante del regimiento Valdivia.

Pocollay, **1 de septiembre** de 1880

SEÑORA SABINA VARELA DE SILVA
Santiago

Mi querida mamacita

Con extrañeza veo que no me escribe hace algún tiempo, sin embargo, de haberle escrito yo varias veces. Este último tiempo, mi salud ha estado algo quebrantada por efecto del cálido temperamento que reina en esta ciudad, aunque el punto donde estamos acampados es bastante pintoresco y agradable.

Muy escasas son las novedades dignas de relatarse que han acontecido por acá. El ascenso a coronel del comandante Martínez del Atacama[238] y el retiro temporal del señor Barceló, por causa de ese ascenso, es lo más reciente que ha sucedido en nuestra división. Habiéndosele postergado al señor Barceló (puesto que era más antiguo que Martínez) era lo más natural y lógico que no podía continuar bajo las órdenes de aquel a quien ha tenido bajo su férula y por consiguiente retirarse a Santiago mientras lo ascienden. Sentiríamos que no volviera porque es un excelente caballero como jefe y amigo. Hemos estado de banquetes por el ascenso de Martínez y de Orrego a sargento mayor de nuestro cuerpo[239].

> *¡Ocho mortales meses que pasaremos en la inercia y sin ir a Santiago, habiendo tanto tiempo disponible!*

Se hacen diversos comentarios acerca de los jefes que se pondrán a la cabeza del regimiento, en reemplazo de Barceló, que tal vez no vuelva, y de León, que ha quedado inválido. Se dice que vendrá de primer jefe nuestro amigo el coronel Marcos Arriagada[240] y de segundo, un hermano del coronel Lagos que fue ayudante mayor de este cuerpo en Antofagasta[241]. En fin, venga quien viniera, poco me importa.

¡La ida a Lima se corre con insistencia, que no será hasta abril venidero! ¡Ocho mortales meses que pasaremos en la inercia y sin ir a Santiago, habiendo tanto tiempo disponible! Pero me he empecinado en ir a verlas y tengo que salir con la mía. ¡Triste suerte la del soldado que no puede disponer de su voluntad ni para ver a su familia! ¡Qué terrible es la ausencia! En fin, no hay más que <u>ponerle manco a la vara y topear</u>.

---

238. Teniente coronel Juan Martínez, comandante del batallón Atacama.

239. El capitán ayudante Lisandro Orrego, del regimiento de línea Santiago.

240. El coronel Marco Aurelio Arriagada Palacios, comandante del regimiento de artillería y por entonces jefe político y militar de Tacna.

241. José María Lagos, ayudante mayor del regimiento Santiago, en Antofagasta.

Según el diario, la Pilcomayo se fue otra vez al Callao, habiéndola relevado en el bloqueo otro buque de la escuadra. Alejandro no me ha escrito y por eso no sé nada de él.

En cuanto a mi ascenso, lo espero de un momento a otro, porque se dice que luego mandarán las propuestas. Usted lo ha de saber por Egidio Gómez y en el acto que usted lo sepa, háganse saber el servicio de mandármelo decir para aprontarme.

Dele memorias a los Lucos y amigos, a Ignasita, Eufrasia, Tránsito, Luis, David y gremio de chicas. A don Tabo, que lo voy a poner preso en la guardia de prevención porque no le ha escrito al ñato. A la Teresita que si ya es monja.

Espero que pronto me escriban porque me da rabia cuando no me escriben.

Reciba un abrazo de su negro que desea verla.

Manuel Ignacio Silva Varela

Tacna, **7 de octubre 1880**

SEÑORA SABINA VARELA DE SILVA
Santiago

Mi queridísima mamá:

> *Y los señores de las Cámaras se llevan como el perro y el gato y nada resuelven, guiados por el amor a los diversos partidos políticos, mostrándose ante las demás naciones como chiquillos de escuela que, porque un pan es más grande que otro, se moquetean, siendo la risa hasta de nuestros mismos enemigos.*

Tengo en mi poder dos cartitas de fechas doce y veinte del pasado y por ellas veo que están todas buenas. Pero he sentido altamente que Luis haya perdido su destino por el maldito vicio que tiene tan arraigado. ¿Qué piensa hacer este hombre? Me parece que ya no hay esperanzas de que Luis mejore su conducta. Lo siento de todo corazón.

Mi salud enteramente buena, solo el ánimo un tanto triste, pues he perdido la esperanza de ir a verlas. ¡Qué hacerle!

Nuestro nuevo jefe, el señor Fuenzalida[243], se encuentra ya entre nosotros. Llegó junto con el coronel Lagos. Del comandante Barceló nada sabemos, pero se cree que pronto llegará. Dicen que el coronel Lagos viene de Jefe de Estado Mayor General, lo que será muy bueno porque lo pasaremos bien.

Sobre la pérdida de la gloriosa Covadonga[244] nada sé, porque diarios no he recibido hace dos correos; ignoro la causa. Ha sido mucha infamia lo acaecido en las aguas de Chancay. No comprendo

> *No comprendo cómo puede haber gente tan estúpida, que habiendo conocido las circunstancias en que se perdió el Loa no tomen precauciones para evitar otra catástrofe.*

cómo puede haber gente tan estúpida, que habiendo conocido las circunstancias en que se perdió el Loa no tomen precauciones para evitar otra catástrofe como la que ahora lamentamos. Los directores de la guerra tienen la culpa, pues yo en su lugar habría hecho pedazos cuanto puerto fuera posible y meditaría una guerra de exterminio, sin cuartel y no de condescendencia e inercia como la que proseguimos, quedándonos pasmados cruzados de brazos viendo hundirse, sin gloria alguna, dos de nuestros buques de guerra con un centenar de buenos chilenos. ¡Triste

---

243. El teniente coronel Demófilo Fuenzalida, jefe del regimiento Santiago.
244. La Covadonga fue echada a pique en el puerto de Chancay el 14 de septiembre de 1880 por efecto de un torpedo oculto en el fondo de una lancha, aparentemente vacía, que fue izada a bordo.

cosa! Mañana hundirán a un blindado, después a otros y así exterminaran la escuadra que tantas glorias nos ha dado.

Y los señores de las Cámaras se llevan como el perro y el gato y nada resuelven, guiados por el amor a los diversos partidos políticos, mostrándose ante las demás naciones como chiquillos de escuela que, porque un pan es más grande que otro, se moquetean, siendo la risa hasta de nuestros mismos enemigos. Los conservadores tienen la culpa, porque a todo trance pretenden disolver el ministerio actual para formar ellos, a su antojo, uno que los levante de la postración en que están, pero se equivocan, porque jamás tendrán mayoría porque es un partido de jesuitas e hipócritas, que es lo mismo. No quiero seguir porque me da rabia.

Mucho gusto tuve de leer la carta de las niñitas, la cual ahora se la contesto. La Elvira está muy adelantada y tiene una buena letra, sobre todo muy clara y una excelente redacción. En cuanto a la Elena y Anita, veo que no es letra de ellas sino de la Tránsito; hubiera deseado que ellas mismas me hubieran escrito. Don Tabo muy adelante, pero muy corta su carta; parece que fuera inglés por lo lacónico. La firma de la Pochocha me hizo mucho reír porque me parece que la estoy viendo tomar el lápiz con sus manitos de empanadas de gordas. Sentí que la Elvirita la haya teñido con tinta. Junto con esta les escribo a todas.

La firma de la Pochocha me hizo mucho reír porque me parece que la estoy viendo tomar el lápiz con sus manitos de empanadas de gordas.

De Eufrasia, Ignacita y Tránsito, no he recibido carta ninguna y si me han escrito, sentiría que se perdieran esas cartas.

Actualmente me encuentro empleado de secretario de una causa, en el Estado Mayor General. Siempre me buscan para estos trabajos porque me he hecho muy entendido en este asunto de causas y trámites que deben seguirse. El General me nombró por recomendación de un capitán amigo mío. A mí me conviene estas comisiones para darme a conocer en las alturas, que sirve para mucho. En el regimiento tengo buena reputación y me dan mis aires de inteligencia. Bueno, digo yo, con un poco de farsantería todo se consigue. Lo único malo es que tengo que ir todos los días al pueblo, pero en cambio no hago servicio de ningún género.

Esta carta la lleva un oficial que se ha retirado del cuerpo y espero le hagan cariño, es el Señor Véjar[245], atiéndalo mucho.

> *Creo llegar a Santiago de capitán, si no me toca la mala, como dicen los soldados, y entonces echaré guata.*

De Alejandro nada he sabido y extraño no me haya escrito, habiéndolo hecho yo varias veces. Supongo que a usted le escriba continuamente y repréndalo en sus cartas porque no lo hace conmigo.

En cuanto a ascenso, espero de un momento a otro que haya algún movimiento e iré propuesto para teniente. Creo llegar a Santiago de capitán, si no me toca <u>la mala</u>, como dicen los soldados, y entonces <u>echaré guata</u>.

Concluyo saludándolas a todas y esperando que me escriban con frecuencia, porque creo que tomarán en cuenta que me es muy triste no recibir carta continuamente.

Reciba un abrazo de su negro que la quiere.

Manuel Ignacio Silva Varela

En este momento se dice que el trasporte peruano Chalaco se encuentra en Arica y a su bordo los plenipotenciarios perú-bolivianos que esperan a los chilenos para sentar las bases de la paz. No sé si será bola, pero corre con insistencia este rumor. El ejército en general está por la paz.

La carta ya no la lleva el subteniente Véjar porque no se va hasta quien sabe cuándo; va por el correo.

Vale.

---

245. El subteniente José del Rosario Béjar, mencionado más arriba.

Tacna, **22 de octubre** de 1880

SEÑORA SABINA VARELA DE SILVA
Santiago

Mi queridísima mamá:

Un tanto descansado de la pesada expedición que últimamente realizamos, me apresuro a escribirle, pues hace días que no lo hago. El catorce del presente, a la una de la mañana partimos de nuestro campamento, el Santiago, una compañía del segundo de línea y una brigada de artillería de montaña, con dirección a Moquegua, por el camino de Locumba. Esta división debía ir al mando del coronel Lagos que se fue por mar a Pacocha para tomar el mando de ella en Hospicio. La marcha fue bastante pesada y muy forzada porque se decía que venían tropas de Arequipa a atacar la poca fuerza que hay en Moquegua. Pero estábamos en Locumba ya cuando recibimos orden de regresar, pues tales rumores carecían de fundamento. ¡Cual sería nuestra rabia que después de andar tanto teníamos que volvernos! Partimos para esta ciudad el mismo día de recibir la orden llegando el día diecinueve sumamente cansados y maltratados. Yo he estado hasta con fiebre estos días. Sin embargo, reivindiqué un magnífico caballo en Locumba. Es lo más notable que ha sucedido por acá. El ejército está organizado de otra manera: tres divisiones con dos brigadas cada una. Nosotros pertenecemos a la tercera división, segunda brigada. Jefe de la división es el coronel Lagos y de la brigada el comandante Barceló.

Supongo que todas estarán buenas. De Alejandro no he sabido nada, nada y me es muy extraño.

Le escribo en este papel porque no encontré otro más a mano, porque luego parte la correspondencia y no quiero atrasarme.

Aquí no se dice nada de movimiento sobre Lima y mucho menos de paz, pero la nueva organización del Ejército, la venida de los generales y preparativos que se hacen indican a las claras que no se deja esperar mucho la expedición. Por mi parte, donde me lleven voy.

En cuanto a ascenso, van a sacar muchos ayudantes de campo para la división y quedaran varias vacantes, de las cuales una de ellas me corresponde de hecho. Ojalá que esto se realice lo más pronto posible para poder ascender pronto.

Dele memorias a todas mis hermanas a las niñitas si recibieron mi carta, que no dejen de escribirme continuado. A Don Gustavo y familia muchas expresiones y en general a todos lo que se acuerden de mí. Usted reciba un fuerte abrazo de su hijo que no la olvida.

Manuel Ignacio Silva Varela

Tacna, **9 de noviembre** de 1880

SEÑORA SABINA VARELA DE SILVA
Santiago

Mi queridísima mamá:

Hace algunas semanas que no recibo una sola letra suya e ignoro la causa. Ayer tuve una de Tránsito, muy cariñosa y engañadora. No dudo que las hermosas líneas que estampa en ella sean nacidas al calor de un cariño fraternal. Muchísimo gusto tuve al leer esa cartita y aun hasta me enterneció, pues algunos acápites tienen arranques sentimentales tan sublimes, que me es imposible permanecer indiferente a ellos.

Muchísimo gusto tuve al leer esa cartita y aun hasta me enterneció, pues algunos acápites tienen arranques sentimentales tan sublimes, que me es imposible permanecer indiferente a ellos.

Por ella he sabido que usted ha estado paseando, de lo cual me he alegrado infinito, pues es lo que a usted le conviene para que olvide penas y tormentos que atacan directamente la salud. Al mismo tiempo he lamentado altamente la enfermedad que tuvo en el estómago, de la cual, gracias a Dios, ya está mejor. Cuídese mucho para que cuando llegue el gran día de nuestra reunión, hagamos salir la casa por las ventanas, como dice la Elvirita.

Aquí lo más notable es la ejecución de un soldado del batallón Caupolicán[246], al cual fusilaron hoy, hace media hora, por haber disparado un tiro a un capitán de su cuerpo sin herirlo.

La expedición Lynch[247] tal vez haya llegado, porque se dice que el Buin viene en camino de Arica, mas no lo sé con seguridad.

Se dice que pronto marcharemos al norte, lo que deseamos mucho, porque esta vida nos aburre en extremo y cuando llegamos a movernos es sin objeto, como sucedió en la marcha sobre Moquegua, que llegamos hasta Locumba, de donde nos hicieron regresar. Iremos a darles un escarmiento y golpe de gracia a los cholos y hediondos cuicos. Tal vez dentro de veinte días partiremos.

---

246. El batallón cívico movilizado Caupolicán.
247. La expedición encabezada por Patricio Lynch a la costa norte del Perú, realizada en septiembre y octubre de 1880, tuvo por objeto imponer contribuciones a las haciendas azucareras de la zona para presionar a ese gobierno en favor de una paz.

Alejandro no me ha escrito hace como tres meses y estoy muy sentido con él. No quiero escribirle por esta causa. Me atengo al refrán: "amor con amor se paga". De David tampoco he recibido carta y me extraña cuando es tan buen amiguito que nunca ha pasado un mes sin escribirme, mas ahora ha sucedido esto.

Respecto de ascenso, todavía no hay nada que pueda halagar mis esperanzas, todavía no hay vacante; al contrario, hay algunos tenientes agregados.

Por los diarios he visto que la señora Luisa López de Balbontín ha muerto[248]. Lo siento por el caballero Don Pancho, que cómo se va a avenir con tanta familia. Pero ya se ve que es hombre. Si las ve deles mis pésames, sobre todo y en particular a la Anita...

La Tránsito me encarga que me retrate, lo cual lo haré pronto; no se ha podido antes por falta de mónis. Dígale que no vendrían muy mal las comiloncitas y dulces y pastillitas y, si teme que se pierdan, que no las mande en cajón, sino en un paquete con bastantes papeles y dirigida al que suscribe y se averigua en el correo si se puede certificar, que yo abonaré eso.

Se dice que pronto marcharemos al norte, lo que deseamos mucho, porque esta vida nos aburre en extremo y cuando llegamos a movernos es sin objeto.

Salude en mi nombre a don Gustavo y familia y a todas las personas amigas y enemigas.

A mis hermanas y niños muchos cariños y usted reciba un fuerte abrazo de su negro que tanto la quiere.

Ignacio Silva Varela

---

248. La mujer de Francisco Balbontín y madre del alférez.

Tacna, **9 de diciembre** de 1880

SEÑORA SABINA VARELA DE SILVA
Santiago

Mi querida mamá:

Antes de partir, me apresuro a darle mi ¡adiós!, pues sin cumplir con este deber me iría con un gran remordimiento. Mañana a primera hora partimos hacia el vecino puerto, donde nos embarcaremos inmediatamente y tomaremos rumbo a... [sic]. Ya estoy listo para marchar con camas y petacas rotuladas y en punto de echarlas al tren. Estuvo a verme Daniel Pérez G[249]. que viene en el Segundo Aconcagua. Me parece que nos iremos juntos. Está muy bueno y gordo y les manda memorias. De Luis Felipe[250], el sargento primero del Concepción, recibí carta en que me anuncia su partida a estos mundos. Dios quiera que no se arrepienta tan luego y que lo proteja componiéndole la cabeza. Tal vez veré a Alejandro en Arica y puede ser que la Pilcomayo vaya con nuestro convoy. Hay mucho entusiasmo por la pronta expedición y los soldados arden por encontrarse nuevamente con los cholos. Espero que nos irá bien y si no, ¡qué hacerle! ¡viva la patria!

> *Hay mucho entusiasmo por la pronta expedición y los soldados arden por encontrarse nuevamente con los cholos. Espero que nos irá bien y si no, ¡qué hacerle! ¡viva la patria!*

Es muy tarde para alcanzar a escribirles a todas y esta les servirá como si fuera suya y de cada una. Y David también interpretará esta despedida como un ¡adiós! al amigo sincero. A los Lucos otro tanto. Con Miguel[251] estuve en Arica; viene en la artillería.

¡Adiós! ¡Adiós! ¡Y cada una reciba un fuerte abrazo de su ñato que marcha en busca de la gloria para su patria tan querida! Quisiera tener alas para trasladarme a mi casa y verlas y abrazarlas un minuto siquiera, antes de partir. Pero no se puede, ¡es imposible!

Repito mi ¡adiós! y quisiera que al tiempo de leer estas líneas lancen todas un estruendoso ¡viva Chile! como yo lo hago al tiempo de escribirlas.

Manuel Ignacio Silva Varela

---

249. Daniel Pérez Gacitúa, mencionado más arriba.
250. Luis Felipe Silva Varela hermano de Manuel Ignacio, sargento primero del regimiento Concepción.
251. El alférez Miguel Luco del regimiento de Artillería.

La campaña
de Lima

Rada de Pisco[252], **20 de diciembre** de 1880

SEÑORA SABINA VARELA DE SILVA
Santiago

Mi queridísima mamá:

¡Salud y felicidad! Nos encontramos fondeados en esta rada, desde ayer diecinueve a las doce y media p.m., después de cinco días de navegación tranquila y muy pausada. Nos embarcamos en Arica el doce en el vapor Copiapó[253] el primer batallón y en el Luis Cousiño[254] el segundo. El catorce en el día ya estaba embarcado todo el Ejército Expedicionario y a las seis p.m. zarpó el convoy compuesto de veintidós buques, entre estos los de guerra Blanco, Cochrane y O'Higgins. El quince encontramos en alta mar al Angamos que venia del norte, el cual se incorporó al convoy. El mismo día nos alcanzó el Amazonas, remolcando una barca llena de tropa. Con estos buques se aumentó la división naval a veinticinco buques cargados de gente. La navegación fue muy buena; de noche era preciosísimo contemplar el convoy iluminado por la luz eléctrica del Cochrane. A bordo vino con nosotros el coronel Lagos y sus ayudantes y varios oficiales del Valdivia[255], entre estos Horacio Nordenflycht[256], el cual me ha hecho muchas preguntas de usted; es capitán ayudante del Valdivia.

La navegación fue muy buena; de noche era preciosísimo contemplar el convoy iluminado por la luz eléctrica del Cochrane.

Después de Lima, si es que no muero, les escribiré a todas en particular.

Pisco todavía no lo conozco. No he ido a tierra, pero parece muy bonito, pues hay mucha vegetación. Mañana o ahora zarpamos para Chilca, donde desembarcaremos. Dicen que hay doce mil hombres, pero creo que sea bola. Quedaremos a pocas leguas de Lima. Tal vez antes de año nuevo se halla dado la batalla. Luis no sé en qué buque viene, por eso no lo he ido a ver. Pertenece su cuerpo a nuestra división y brigada, así es que andaremos juntos por todas partes. De Alejandro recibí una carta en que me anuncia que se iban al Callao a

---

252. La bahía de Pisco frente a dicho poblado.
253. El vapor Copiapó de la Compañía Sudamericana de Vapores, puesto a disposición del gobierno conforme al convenio de subvención de 1874.
254. El vapor Luis Cousiño de la Compañía Carbonífera de Lota, puesto a disposición del gobierno por Isidora Goyenechea de Cousiño.
255. El batallón Valdivia.
256. Horacio Nordenflycht Prieto, capitán ayudante del regimiento movilizado Valdivia. De familia porteña, participó en la campaña de Lima.

bloquear y bombardear. Estando a bordo en Arica, recibí una carta de Tránsito y otra de David, las cuales no se las contestaré porque no hay tiempo, pero esta espero que la recibirán como suyas. Después de Lima, si es que no muero, les escribiré a todas en particular contándoles las peripecias de la batalla y aventuras que me sucedan, dado también el caso que no me quiebren el brazo derecho de un balazo o sablazo o de algún pellizco de alguna limeñita. Yo vengo de ayudante del comandante Fuenzalida y es muy célebre que en los combates que me he encontrado he peleado como ayudante. En Ángeles iba a cargo del parque de municiones del regimiento. En Tacna, de ayudante del mayor Silva Arriagada, que murió; y ahora del comandante.

Veremos si puedo escribirles de Chilca. Dele memorias y abrazos a mis hermanas y sobrinitas y usted reciba uno fuerte de su negro que arde en deseos de pelear en la decisiva batalla de Lima para volver luego a su amado hogar.

Manuel Ignacio Silva Varela

Valle de Lurín[257], **1 de enero** de 1881

SEÑORA SABINA VARELA DE SILVA
Santiago

Querida Mamá:

¡Salud y felicidad! ¡Mil años de vida! Confío que el año que empieza hoy, nos sea propicio como el pasado, ¡y que ninguna turbulenta nube venga a empañar nuestro claro horizonte do brilla majestuosa la estrella solitaria de la Patria derramando todo su esplendor sobre los victoriosos hijos de Chile! Que el Dios de los Ejércitos nos tienda su protectora mano para ayudarlos a salir avante en la ruda empresa que estamos empeñados.

Salude en mi nombre a todas mis hermanas y sobrinitas; que les deseo igual felicidad y que espero que el venidero año nuevo, lo hemos de celebrar en esa, juntos y congregados a la devoción... de tomar riquísimos helados.

Mi última carta se las escribí de la rada de Pisco. Formamos en este puerto alguna tropa y después de un día de estadía ahí nos dirigimos a Chilca[258], donde debíamos desembarcar. Llegamos a esta caleta el veinticinco del pasado y después de los necesarios reconocimientos de la costa se clavó la bandera chilena en un peñasco. En Chilca no hay más de ocho o diez ranchos abandonados a la sazón.

Les deseo igual felicidad y que espero que el venidero año nuevo, lo hemos de celebrar en esa, juntos y congregados a la devoción... de tomar riquísimos helados.

La rompiente del mar es algo fuerte y por esta causa se determinó desembarcar en una mansa y profunda caleta situada dos millas más al norte. En efecto, después de tres días de estar a bordo desembarcamos sin novedad; al mismo tiempo que los cuerpos saltaban a tierra tomaban un camino que hay en la costa y que se dirige a Lurín[259] (después de haber llenado sus caramayolas y proveído a la tropa de ración seca para dos días). Se tomó tranquila posesión del valle y del abandonado pueblecillo, habiendo huido el enemigo hacia Chorrillos[260] donde, según se dice, hay un ejército de veinte mil hombres.

---

257. El rio y valle de Lurín y distrito homónimo de la provincia de Lima.
258. Caleta de Chilca. El poblado está a una milla hacia el interior.
259. Lurín, villa a 33 km. de Lima.
260. Chorrillos, distrito de Lima entonces en las afueras de la ciudad.

Estuve con Luis y nos tocó hacer la marcha juntos. Venía muy desaseado y aquí le hice lavar la ropa. Está muy viejo. Siempre nos vemos. Alejandro me escribió una carta en que me dice que no le afloje mucha plata "para que se componga la mollera". En la marcha a este valle, se fatigó algo y botó la ropa, zapatos y cuanto pudo; me parece que le debe estar pesando su locura. Eso queda bueno para los jóvenes, como yo, pero para un hombre como él no se han hecho esas cosas.

> *Dicen los prisioneros que en Lima hay cuarenta y cinco mil hombres. Si es verdad, la cosa va a ser seria.*

Aquí recibí dos cartas suyas de fechas primero y diez del próximo pasado. Veo en ellas que todas están buenas; mucho me alegro y más aún, que usted haya librado de la terrible enfermedad que la atacó. Usted me encarga que le escriba a mi mama Carmen, pero le diré que le escribí una hace tiempo y no me la ha contestado por cuyo motivo no le volveré a escribir más. No me gusta la gente orgullosa.

Hemos empezado la segunda campaña con suerte, pues anteayer la segunda División tomó prisioneros más de ciento cincuenta hombres del batallón peruano "Cazadores del Rimac" y algunos jefes, entre ellos un Coronel. Los soldados han tomado, también, varios oficiales que estaban escondidos en el bosque sorprendiendo a todos los que por ahí pasaban. Han muerto a algunos. Dicen los prisioneros que en Lima hay cuarenta y cinco mil hombres. Si es verdad, la cosa va a ser seria.

Se dice que atacaremos primero a Chorrillos, que dista de aquí cuatro leguas y de <u>Chorrillos</u> a <u>Lima</u> que está a dos leguas del último. En resumen, estamos actualmente, por la vía de <u>Chorrillos</u>, distante de <u>Lima</u> seis leguas; y por el camino del interior, treinta y tres kilómetros, o sea dos leguas y media (según noticias de la Oficina Hidrográfica)[261].

No sabemos cuándo marchamos al combate, pues corren que han mandado pedir cinco mil hombres más para poder hacerles frente. Tenemos que andar con mucho cuidado pues de esta pende la suerte decisiva de la Patria.

Nos encontramos acampados en este valle, como media legua al interior de la costa. Es un ancho valle pintoresco, pero muy escaso de legumbres y frutas;

---

261. La información debe provenir de las *Noticias sobre las provincias litorales correspondientes al departamento de Lima i de la provincia constitucional del Callao por la... con una carta geográfica*, publicadas por la Oficina Hidrográfica Santiago, Imprenta Nacional, 1879.

gallinas y chanchos no he visto todavía. Lo único que hay en abundancia son camotes muy buenos y de todas las clases, y para tomarlos es necesario ir como dos leguas al interior del valle, armado hasta los dientes y acompañado con treinta hombres por lo menos.

En cuanto a avanzadas y guardias, yo no me apuro por ellas, pues no hago servicio alguno porque me encuentro de ayudante del Comandante.

El señor Barceló me dijo que un señor Barahona, ayudante del ministro de la guerra, le había preguntado por mí. Supongo que sea Barahona el marino [262].

Voy a concluir saludándolas a todas y deseándoles feliz año nuevo. A Gómez salúdelo y dele las gracias de mi parte por sus servicios. Lo felicito por su ascenso. A Don Gustavo le escribí y no me ha contestado. Memorias a David y usted reciba el cariño de su negro que no la olvida.

Lo único que hay en abundancia son camotes muy buenos y de todas las clases, y para tomarlos es necesario ir como dos leguas al interior del valle, armado hasta los dientes y acompañado con treinta hombres por lo menos.

Manuel Ignacio Silva Varela

---

262. Javier Barahona. Oficial de marina, por entonces capitán.

San Pedro de Lurín[263], **11 de enero** de 1881

SEÑORA SABINA VARELA DE SILVA
Santiago

Mi querida mamá:

Creo que esta será la última de despedida pues esta noche marchamos a dar el combate. Estamos en posesión de Ate[264] con muy poco esfuerzo; el tercero y el Lautaro se batieron y se apoderaron de esta fuerte posición. No sé a punto fijo el número de nuestras bajas, pero he oído decir que son treinta entre muertos y heridos; cholos como siempre, bastantes.

En este momento recibo carta de Alejandro y la leímos con Daniel Pérez Gacitúa que se encuentra de visita. Alejandro está bueno y sano; en Lima nos veremos y pasearemos juntos.

> *El domingo se bendijo nuestro hermoso estandarte... Mañana o pasado ya sabremos si somos de este mundo o del otro.*

La cholada está muy insolente, todo el día se sienten los cañonazos donde se llevan haciendo ejercicio y con el objeto de meternos miedo, pero se equivocan porque día a día tomamos más entusiasmo por concluir luego con esa raza indigna y miserable, llamada peruanos...

El domingo se bendijo nuestro hermoso estandarte, regalo espontáneo de la distinguida sociedad de Santiago. Es muy bonito, de seda con una preciosa estrella blanca en el centro; marcharemos con él al combate. Fueron sus padrinos, el general Baquedano, coronel Lagos, Altamirano[265] y Benjamín Vicuña M. y madrina, la esposa del último, señora Subercaseaux[266]. Fue una hermosa y tierna ceremonia donde a más de uno le rodaron las lágrimas. En el mismo día se le entregó el estandarte al segundo de línea con mucha ceremonia y fiesta. El domingo fue, por consiguiente, un día de estandartes y de feria para el ejército entero, pues todo él tuvo puerta franca.

263. Corresponde a la hacienda de San Pedro de Lurín, vecina al lugarejo.
264. Ate, distrito y poblado al este de Lima.
265. Eulogio Altamirano, Secretario General del Ejército en Campaña.
266. Victoria Subercaseaux.

A las doce de la noche de hoy marchamos a Chorillos a <u>jugar</u> un <u>poco</u> a la <u>guerra</u>, como dicen los soldados.

Mañana o pasado ya sabremos si somos de este mundo o del otro, pero, no hay que apurarse porque la Providencia nos acompaña.

Salude a todas mis queridas hermanas que yo quisiera escribirles a todas, pero no me es posible y lo siento en el alma. A los amigos memorias.

Concluyo deseándole felicidad y buena salud. Su negro que no la olvida.

Ignacio Silva Varela
Hasta Lima. ¡Adiós! ¡Viva Chile!

Rada del Callao, a bordo de la Pilcomayo, **21 de enero** de 1881

SEÑORA SABINA VARELA DE SILVA
Santiago

Mi queridísima mamá:

Con inmenso placer me apresuro a escribirle esta después de la gran victoria que hemos obtenido sobre el enemigo en las sucesivas batallas de Chorrillos y Miraflores, los días trece y quince del presente mes y que nos ha dado la codiciada ciudad de los virreyes. Ya estuvimos en esta recorriendo sus feas calles, con aire de triunfo y enorgullecidos de hoyar con nuestra planta el mismo corazón del Perú: Lima.

> *Ya estuvimos en esta recorriendo sus feas calles, con aire de triunfo y enorgullecidos de hoyar con nuestra planta el mismo corazón del Perú: Lima.*

En cuanto a noticias sobre los combates, me sería muy largo de enumerarlos y los diarios la impondrán de ellos.

Yo salí sano y salvo, aunque con una pequeña rasmilladura en una mano. Desde ayer me encuentro en este vapor adonde vine a ver a Alejandro y ahora nos vamos juntos a Lima.

Tal vez vaya a verlas, por bien o por mal tengo que ir al sur. Si no me dan permiso me voy sin él.

Alejandro también le escribe y muy ligero pues sale vapor a las dos.

Dele memorias a todas y felicítelas en mi nombre por nuestro triunfo.

Luis bueno y también peleó en Miraflores.

Salud y felicidad y hasta luego.

Su negro,

Ignacio Silva Varela

Lima, **31 de enero** de 1881

SEÑORA SABINA VARELA DE S.
Santiago

Mi inolvidable mamá:

Cada día que trascurre es un siglo para mí, pues el deseo de ir a esa aumenta en extremo. Estoy aburrido y Lima me fastidia en sumo grado. Mi Santiago pido y tengo que ir.

No he recibido carta suya hace tiempo y deseo que me cuente las fiestas y algazara que habrán tenido por el triunfo nuestro. Aquí nada de particular, con un calor infernal que día a día va en aumento; aunque aquí (en San Marcos) tenemos un magnífico baño no me llevo sino sudando todo el santo día.

Cada día que trascurre es un siglo para mí, pues el deseo de ir a esa aumenta en extremo. Estoy aburrido y Lima me fastidia en sumo grado. Mi Santiago pido y tengo que ir.

Espero que ahora que hay oportunidad de poder ir al sur hará algunas diligencias con sus innumerables relaciones para que me consigan permiso.

Esta se la escribo a vapor porque es muy tarde (once de la noche) y me encuentro trabajando en la Mayoría.

Le daré una buena noticia de postre: ya fui propuesto para teniente de mi misma compañía y dentro de dos días cargaré el galón pues el general pone a los propuestos en posesión de sus empleos y después marchan las propuestas a esa para que las apruebe el gobierno. Van a ascender como 20 y entre ellos yo, el único para teniente pues no hay más vacante de este grado. En mi vacante va a ascender un joven Ortega muy amigo mío. En fin, ya puedo decir que llegaré a Santiago de "Jeneral" con jota.

Le daré una buena noticia de postre: ya fui propuesto para teniente de mi misma compañía y dentro de dos días cargaré el galón.

Salude a mi nombre a todos, la familia, a David y amigos.

Luis bueno y sano. Alejandro en Islai[267] o Mollendo.

Reciba un abrazo de su negro que no la olvida

Manuel Ignacio Silva Varela
No se olvide de hacer empeños.

---

267. La provincia de Islay en el departamento de Arequipa, al sur de Lima.

Lima, **28 de febrero** de 1881

SEÑORA SABINA VARELA DE SILVA
Santiago

Mi querida mamá:

Tengo en mi poder su última de fecha 8 del corriente. Mucho me alegro que se encuentren gozando de las delicias campestres.

Por acá ha habido algunas novedades de bastante interés y que según ellas parece que la guerra ha terminado y que pronto podremos volver a nuestro querido suelo.

Un señor García Calderón[268] ha sido aclamado presidente provisorio del Perú, por una junta de notables de Lima dejándole amplias facultades para establecer las bases de la paz con los plenipotenciarios chilenos, que son el ministro Vergara[269] y el Sr. Altamirano[270]. Piérola mandó sus representantes para que se entendieran con dichos señores, pero se les rechazó contestándoseles que Chile no quería mezclarse para nada con un loco como Piérola y que podían retirarse.

> *Hoy o mañana zarpará del Callao el convoy que conduce al General Baquedano...Felices ellos que han concluido su tarea de patriotas... Nosotros (los de Lima) estaremos en este país, quién sabe hasta cuándo, tal vez hasta la consumación de los siglos, que será cuando el Perú podrá pagar la indemnización de guerra.*

Dentro de poco va a convocarse el congreso para que trate sobre la paz. Creo que ya estamos en armisticio.

Hoy o mañana zarpará del Callao el convoy que conduce al General Baquedano y Sr. Vergara con una parte de los cuerpos movilizados con rumbo al querido Chile. Felices ellos que ya han concluido su tarea de patriotas y buenos defensores de su bandera y que regresan llenos de glorias a sus hogares donde los esperan trémulas de placer sus familias. Mas nosotros (los de Lima) estaremos en este país, quien sabe hasta cuándo, tal vez hasta la consumación de los siglos, que será cuando el Perú podrá pagar la indemnización de guerra; pero, no desmayo, pues creo que no seré de tan mala suerte que no consiga permiso para ir a verlas. Espero de usted que no se canse de hablarle a Barahona para que me consiga licencia con el Sr. Vergara o a otros amigos bien relacionados que puedan hacerlo. Acá es muy difícil.

---

268. Francisco García Calderón electo presidente en la asamblea del 22 de febrero de 1881.
269. José Francisco Vergara Etchevers, por entonces Ministro de Guerra y Marina.
270. Eulogio Altamirano Pacheco, entonces secretario general del Ejército en Campaña.

He estado con Daniel Gándara[271] y Abraham Gacitúa[272] que estaban de paseo en esta ciudad. El primero se fue hace dos días, para Caldera y el segundo no lo he visto más que una vez sin saber dónde está alojado. Ha venido mucha gente de Chile a conocer la famosa Lima que no pasa de ser sino una antiquísima ciudad, fea y muy triste. Aunque hace pocos días que se nota más animación, pues ya se les está volviendo el alma al cuerpo a los peruanos.

Una expedición partió al norte a estacionarse en Trujillo[273]. Entre los diversos cuerpos que marcharon, va el Concepción y por consiguiente Luis, que hace un mes que nada sé de él. No escribe nunca. Alejandro se encuentra en Mollendo bloqueando ese puerto. Bien poco gozó en esta ciudad pues luego los mandaron a sus malditos bloqueos.

Supongo que ya ustedes tendrán conocimiento de mi ascenso a teniente de la misma compañía, es decir, de la primera del segundo y dentro de pocos días me veré con el grado de capitán pues se nos va a dar como premio un grado más a todos los oficiales. Pero el grado, nada más, porque el sueldo es el mismo de su empleo efectivo.

Me ha extrañado mucho lo que les ha dicho el señor Luco pues, sin estar acá, no debe saber las cosas tales como son.

Supongo que ya ustedes tendrán conocimiento de mi ascenso a teniente de la misma compañía, es decir, de la primera del segundo y dentro de pocos días me veré con el grado de capitán pues se nos va a dar como premio un grado más a todos los oficiales. Pero el grado, nada más, porque el sueldo es el mismo de su empleo efectivo.

Es verdad que me habían mandado a traer municiones antes de la batalla de Miraflores, pero por la sorpresa que nos dio el enemigo nos vimos obligados a reunirnos al regimiento pues nos vimos envueltos por el fuego que ellos hacían por su derecha. Y si quiere convencerse de ello, que pase a la Inspección General y vea la lista de los oficiales que se encontraron en esa batalla y se fije si sale el nombre de Ignacio Silva Varela. He dicho.

Hace días que se corre una bola, aunque creo que no tiene fundamento. Dicen que el coronel Lagos partirá pronto a esa, con un cuerpo de línea, a ponerse a la cabeza de una fuerte división que debe operar en el territorio araucano, y que ese cuerpo es el "Santiago", pero la tal bola no debe ser cierta pues el coronel Lagos ha sido nombrado Jefe de Estado Mayor General interinamente en

271. Daniel Gándara, de familia porteña, oficial segundo de la Comisaría de Antofagasta al tiempo de su creación en mayo de 1880.

272. Probablemente Abraham Gacitúa Brieba (1862-1932), abogado e integrante de la Corte de Apelaciones de Valparaíso, diputado y ministro de Estado.

273. Trujillo, capital del departamento de La Libertad situado en la costa del Perú.

lugar del General Maturana[274] que marcha a esa por enfermo. Pero dado el caso que fuera cierto, mucho me alegrará pues tendría el gusto de pasar por casa y verlas para ir a fregarnos después en otra campaña de agua y barro, no menos cruda que esta de arena y sol.

En fin, me he extendido demasiado y voy a concluir deseándoles felicidad y que hagan algún empeño para conseguirme permiso, que si no aprovechamos ahora no lo hacemos nunca.

Memorias a todas y usted reciba el cariño de su negro que desea verla.

Ignacio Silva Varela

---

274. El general de brigada Marcos Maturana, jefe del Estado Mayor General.

Lima, **18 de marzo** de 1881

SEÑORA SABINA SILVA VARELA DE SILVA
Santiago

Mi querida mamá:

Aprovecho la oportunidad para escribirle, porque un amigo mío se va a esa por enfermo y me ha ofrecido llevarme esta carta e irle a hacer una visita en mi nombre. Es un magnífico compañero. Se llama Juan Crisóstomo Castro[275]; espero que le haga mucho cariño.

A la Ignacita le escribí hace pocos días en contestación a una de ella que recibí.

Aquí siguen las cosas como siempre. Muy tranquilo todo el pueblo, solo esperando la paz.

Nosotros no tenemos cuando irnos. Tal vez el comandante[276] vaya al sur y él hará empeño para que nos lleven a Angol, donde reside su familia.

De Alejandro y Luis, nada he sabido hace tiempo, pero según datos que he tomado están buenos; digo que "nada he sabido" porque no me han escrito.

Cuando el compañero Castro se vuelva, mándeme con él un tarrito de dulce de manjar blanco que tanto me gusta.

Memorias a todas las niñas y amigos. Usted reciba el cariño de su hijo que no la olvida. No se le olvide hacer empeños para ir a verlos, con permiso.

Su hijo que la quiere

Manuel Ignacio Silva Varela

---

275. Juan Crisóstomo Castro, subteniente del regimiento Santiago.
276. Demófilo Fuenzalida, ya mencionado.

Lima, **3 de mayo** de 1881

SEÑORA SABINA VARELA DE SILVA
Santiago

Mi querida mamá:

Gracias a Dios que tuve el placer de saber de usted por medio de una carta de fecha 10 del próximo pasado.

Me era tan extraño no haber recibido ninguna durante tanto tiempo que no tenía a qué atribuir su silencio. Me figuraba miles de acontecimientos, desgraciados por supuesto, pues en esos casos se figura uno lo peor.

Igualmente, no acierto a comprender como no ha recibido mi correspondencia que continuamente le he mandado. Usted cree que "son cuentos" míos; pero en eso me ofende, puesto que no tengo por qué dejar de acordarme de usted a quien tanto quiero.

A la Ignacita le escribí junto con usted y me alegro que haya recibido mi carta. Juntamente con la suya última tuve una de David que siempre se porta como un buen amigo.

Aquí lo más notable que sucede es la fuerza que marchó sobre Jauja en busca de Piérola, se encuentra ya en ese pueblo sin novedad, aunque la tropa se está enfermando del <u>soroche</u>[277], una enfermedad que reina en esos lugares.

Muchos son mis deseos de ir a verlos, pero el que no está enfermo no va; solo que lo llamen de Santiago.

Luis y Alejandro no me han escrito ni yo a ellos, porque "amor con amor se paga", como dice el refrán.

Concluyo saludándolas y deseándoles felicidad.

Reciba un abrazo de su ñato que no la olvida.

Ignacio Silva Varela

---

277. Apunamiento.

Lima, **16 de mayo** de 1881

SEÑORA SABINA VARELA DE SILVA
Santiago

Mi querida mamá:

¿Hasta cuándo espero cartas de mi casa? ¡O se han propuesto mantenerme con cuidado hasta la consumación de los siglos! Ni Alejandro, mucho menos Luis, se han tomado el trabajo de acordarse de mí. Mis hermanas, o son flojas (que no lo creo) o me tienen tanto cariño como el perro al gato... ¡Reina entre nosotros mucha fraternidad!

Si supieran o se formaran una remota idea de lo que es estar en campaña o cansada guarnición, lejos de su patria, de su familia, de sus amigos, luchando con las incomodidades y sufriendo el rigor de la carrera, estoy seguro, se aprontarían a escribirme, a mostrar interés por mí, o por el hermano que tanto tiempo está ausente de su casa; y comprenderían que esos sentimientos serán para mí un consuelo que haría más alegre mi existencia. Todos mis compañeros reciben en todos los vapores cuatro o cinco cartas, ya de la madre o padre, ya de la hermana, de la tía, de la abuela, en fin, de todas aquellas personas que en algo se interesan por el deudo ausente en país enemigo, donde está expuesto a miles de contratiempos. Pero de mi casa... Muchas veces, y ahora mismo, me considero un cero para mi familia, un ser abandonado que no merece la atención ni de su <u>madre</u>.

En fin, voy a hacer lo que hacen muchos; reírme del mundo y que, aunque a todos se los lleve el diablo, yo continuaré riéndome. Si quieren, se acuerdan de mí, si no.... lo dejan, que a mi poco me importa.

> *¿Hasta cuándo espero cartas de mi casa? ¡O se han propuesto mantenerme con cuidado hasta la consumación de los siglos!*

> *Si supieran o se formaran una remota idea de lo que es estar en campaña o cansada guarnición, lejos de su patria, de su familia, de sus amigos, luchando con las incomodidades y sufriendo el rigor de la carrera, estoy seguro, se aprontarían a escribirme.*

Hoy le [he] escrito a David, que es el más gente que habita en mi casa, pues no hay vapor que no reciba correspondencia de él. Es un magnífico compañero, y a él le agradezco saber que ustedes todavía viven y que no están enfermas.

En conclusión, les digo que si recibo carta inmediatamente la contestaré y si sucede lo contrario, no esperen una letra de mi mano, a fe de Ignacio Silva Varela, que así lo haré.

Se me han quitado las ganas de ir a Chile, aunque ahora, como han llegado tantos oficiales de los heridos que había en el sur, no le niegan permiso a nadie de los que no hemos ido; pero yo ya no pienso ir tan luego. Si fuera, iría en septiembre a pasar unos quince días en Valparaíso, adonde me han convidado a ir donde un joven Carreño[278].

Hasta luego y que les vaya bien

Ignacio Silva Varela

---

278. Probablemente el subteniente Pedro Carreño del regimiento Santiago, ayudante del General Lagos

Lima, **20 de agosto** de 1881

SEÑORA SABINA VARELA DE SILVA
Santiago

Mi querida mamá:

Tengo en mi poder tres cartas suyas las cuales no he contestado por el motivo que le voy a explicar.

En primer lugar, le diré que esta se la remito con el buen amigo Retamal[279] que, como siempre, me quiere y atiende mucho. Hágale cariño.

Paso al asunto. En junio me dio una fiebre muy fuerte que tuve que venirme al hospital y después me atacaron las tercianas hasta la fecha, pero ya muy poco.

En cuanto a ir a hacerles una visita no será tan pronto porque, bien podría haber ido ahora con el comandante, pero van siete oficiales. Para octubre tal vez me tengan allá.

Me alegro que Alejandro esté con ustedes, descansando de las fatigas de la campaña.

De Luis no he sabido nada.

Estoy un poco cansado por eso no le escribo más largo.

Memorias a todas y usted reciba un fuerte abrazo de su ñato que no la olvida.

Ignacio Silva Varela
Recibí todo lo que me mandó con Castro. Le doy infinitas gracias.

---

279. José del Carmen Retamal, subteniente del regimiento Santiago.

Lima, **30 de agosto** de 1881

SEÑORA SABINA VARELA DE SILVA
Santiago

Mi querida mamá:

Supongo que habrá extrañado que no le haya escrito durante este tiempo, pero espero me disculpe pues ha sido involuntariamente a causa de una fuerte fiebre que me ha tenido postrado en cama por algunos días. Ya estoy casi completamente bueno, pero todavía estoy en el hospital.

Me alegro mucho que Alejando les haya ido a hacer una visita y las haya impuesto bien de las peripecias de esta ya larga campaña.

Me parece que yo no iré tan luego a verlas, porque "quien no tiene santos en la corte no llega al cielo" como dice el adagio. Sin empeños nada se consigue. ¡Paciencia! Pero pienso elevar una solicitud inmediatamente me mejore bien.

> *Inmediatamente que me ajusten (que será a fines de septiembre) les remito un giro postal para que cuanto antes se sacuda la polilla del salón y se renueven los muebles para que estén listos para la tertulia que vamos a dar cuando llegue a esa.*

Sobre A. Rodríguez lo que he sabido es que ya no pertenece al ejército porque lo despidieron del servicio, pero ignoro la causa. No sé si ya se iría a Chile. En cuanto a hablar con él me es imposible, pues su cuerpo está en el puerto de Huacho[280].

En cuanto a la renovación de los muebles del salón no necesitaba ni preguntármelo, porque usted bien sabe que lo que es de su hijo es suyo y si no les había dicho nada sobre el particular es porque espero que nos ajusten y entonces tendré algunas chauchitas disponibles para mandarle a mi vieja. Desde noviembre pasado hasta la fecha no nos pagan, sino que nos dan suples por medio de recibos. Y esto hasta cierto punto ha sido bueno porque así hemos ahorrado nuestros pesos que quizás los habría gastado en leseras.

Inmediatamente que me ajusten (que será a fines de septiembre) les remito un giro postal para que cuanto antes se sacuda la polilla del salón y se

---

280. El puerto de Huacho, al norte de Lima.

renueven los muebles para que estén listos para la tertulia que vamos a dar cuando llegue a esa.

A Luis no le escribo porque él no lo hace y yo tengo por norma que con la misma moneda pago.

Concluyo saludándolas a todas, a David y amigos. Miguel Luco y demás están buenos. Reciba el cariño de su soldadito que desea verlos.

Ignacio Silva Varela

Lima, **12 de septiembre** de 1881

SRA. SABINA VARELA DE SILVA
Santiago

Mi querida mamá:

Después de tres cartas que le he escrito durante mi enfermedad no he obtenido contestación. Una le remití con el subteniente Retamal, la que supongo ya estará en su poder.

Yo sigo muy mejor y la fiebre se me pasó completamente. He quedado algo débil por cuya razón no quiero irme al cuartel hasta estar bien restablecido.

Por acá no hay nada de particular. Las montoneras vivaquean todavía a los alrededores de esta ciudad, pero no hay cuidado de un asalto, pues su intención es bien conocida: dejarse caer sobre la ciudad cuando el ejército la abandone. Se dice que para el dieciocho no habrá fiestas y que el ejército saldrá de Lima a ocupar las posiciones más ventajosas por precaución. En fin, corren tantas bolas que a toda noticia es necesario darle cuarentena.

He oído decir últimamente que a Alejandro Rodríguez le han dado colocación en el regimiento de cazadores a caballo, mas no lo sé con seguridad.

De Luis no he sabido nada; no escribe nunca, ni me ha dado parte de su ascenso ni nada. Ahora le voy a escribir.

Supongo que Alejandro estará todavía en casa y que pasarán con él un buen dieciocho de septiembre.

Salude a David en mi nombre y si recibió mi carta.

A mis hermanas pronto les escribiré. Memorias y cariños a las sobrinas y amigos y usted reciba el cariño de su hijo.

Ignacio Silva Varela

Lima, **22 de septiembre** de 1881

SRA. SABINA VARELA DE SILVA
Santiago

Mi querida mamá:

Hace algún tiempo que no tengo el placer de recibir correspondencia suya, mucho menos de mis hermanas, sin embargo, de haberles escrito yo varias veces anunciándoles el estado de mi salud. Esta se encuentra ya en muy buen estado, pues estoy completamente restablecido y espero únicamente que haya ocasión para irme a reunir a mi batallón, el cual se encuentra en Lo Bravo como dos leguas y media de esta ciudad, donde está de avanzada para atajar el paso a las montoneras del interior.

Últimamente recibí carta de Alejandro, fechada en Valparaíso 9 del presente. Me anuncia que todas en casa están buenas y que en el mes que estuvo en esa se divirtió bastante y que hasta enamorado estuvo con varias beldades vecinas y no vecinas de casa… ¡Alejandro enamorado! Mucho me ha hecho reír su carta y sobre todo la descripción de sus amores y los percances consiguientes. Las afortunadas bellezas que se han grabado en su imaginación, dice que son las Señoritas R. Renc…[281] [sic] (en primer lugar) y de González que publica en El Mercurio bajo el seudónimo de Juan de la Roca. Aunque yo no estaba seguro que fueran de González, lo maliciaba y siempre las he leído con interés.

Salude a toda la familia, amigas, amigos y en particular a David (que le he escrito y no me ha contestado) y también a las buenas mozas de la pintoresca calle de Lira, objetos de mis pensamientos…

De Luis no he sabido nada, sin embargo de haberle escrito varias cartas.

Reciba un abrazo de su soldado que desea con efusión verla y abrazarla.

Su hijo,

Manuel Ignacio Silva Varela

---

281. Las señoritas Rencoret, vecinas de su nueva casa.

Campamento de Ate[282], **19 de noviembre** de 1881

SEÑORA SABINA VARELA DE SILVA
Santiago

Querida mamá:

¿Qué es de su vida y de la de la familia? Hace como dos meses o más a que no recibo carta de nadie o esto me da que pensar y me tiene inquieto. En diversas cartas le he mandado decir lo mismo, pero es inútil, de ninguna obtengo contestación.

El coronel Fuenzalida se encuentra en Lima desde hace cuatro días. Llegó en el vapor Laja[283] de la carrera; se escapó de haber naufragado en el Paita[284]. Aquí ha producido mucha sensación la pérdida del Paita, pero todavía no tenemos datos y detalles seguros.

Con el coronel no he hablado una sola palabra. Espero hacerlo dentro de poco tiempo para ver si me da permiso para ir a Chile.

Voy a concluir porque estoy muy ocupado. Aquí no hay novedad ni montoneras, ni Piérola ni ningún bicho nos viene a perturbar.

Memorias a todas y usted reciba un abrazo de su negro

Ignacio Silva Varela

---

282. Distrito de Ate, vecino a Lima.
283. El vapor Laja de la Compañía Sudamericana de Vapores fue incorporado a la flota en 1880.
284. El vapor Paita o Payta de la Pacific Steam Navigation Company, adquirido por el gobierno de Chile como transporte en octubre de 1880, viajaba de Iquique a Valparaíso cuando encalló cerca de la rada de Sarco el 14 de noviembre de 1881.

Campto. de Ate, Nbre 25/81.

Srª Sabina Varela de Silva

Mi querida mamacita:

Me encuentro perplejo sin saber el motivo de su silencio, pues hace tres meses que no recibo carta del Sur i si no fuera por Luis que me escribe anunciandome que "la familia está buena" no sé qué pensaría. Hace pocos dias que le remití otra pero no he obtenido contestación ninguna.

Espero que no estarán enfermas porque con mayor razón me han brado escrito anunciandomelo.

Yo me encuentro sumamento gordo i sano; solo espero que el Coronel me haga alguna insinua cion para hablarle sobre permiso para ir a verlas, pues son muchos mis deseos de ir a mi querida pátria. No pierdo las esperanzas.

Luis se encuentra bueno i piensa venir luego a Lima a pasear unos dias. Me dice, en su última que lo espere.

De Alejandro no he sabido nada ni me ha contestado una carta que le escribí remitiendole unas que me mando Luis para éb.

Aquí las cosas marchan con rumbo acostumbrado. Siempre parte del Ejército en los alrededores de Lima. De los alzados no se sabe nada de nuevo. Eso sí que se encontró una mula vieja de cuyo cuello pendía una carta de Cáceres en que insultaba a los "ntrs" desafiándolos a que lo atacaran. ¡Qué farzante tan ruin i badulaque!!

Salude a las niñas i sobrinas a David i amigos i Ud. reciba un fuerte abrazo de su negra que tanto la quiere

Campamento de Ate, **25 de noviembre** de 1881

SEÑORA SABINA VARELA DE SILVA

Mi querida mamacita:

Me encuentro perplejo sin saber el motivo de su silencio, pues hace tres meses que no recibo carta del sur y si no fuera por Luis que me escribe anunciándome que "la familia está buena" no sé qué pensaría. Hace pocos días que le remití otro, pero no he obtenido contestación ninguna.

Espero que no estarán enfermas, porque con mayor razón me habrían escrito anunciándomelo.

Yo me encuentro sumamente gordo y sano. Solo espero que el coronel me haga alguna insinuación para hablarle sobre permiso para ir a verlas, pues son muchos mis deseos de ir a mi querida patria. No pierdo las esperanzas.

Luis se encuentra bueno y piensa venir luego a Lima a pasear unos días. Me dice en su última carta que lo espere.

De Alejandro no he sabido nada ni me ha contestado una carta que le escribí remitiéndole unas que me mandó Luis para él.

De los alzados no se sabe nada nuevo. Eso sí que se encontró una mula vieja de cuyo cuello pendía una carta de Cáceres en que insultaba a los "rotos", desafiándolos a que lo atacaran.

Aquí las cosas marchan con rumbo acostumbrado. Siempre parte del ejército en los alrededores de Lima. De los alzados no se sabe nada de nuevo. Eso sí que se encontró una mula vieja de cuyo cuello pendía una carta de Cáceres[285] en que insultaba a los "rotos", desafiándolos a que lo atacaran. ¡Que farsante tan ruin y badulaque!

Salude a las niñas y sobrinas a David y amigas y usted reciba un fuerte abrazo de su negro que tanto la quiere.

Ignacio Silva Varela

---

285. El general peruano Andrés Avelino Cáceres, nombrado jefe político y militar de los departamentos del centro del Perú por el presidente Piérola.

www.ingramcontent.com/pod-product-compliance
Lightning Source LLC
Chambersburg PA
CBHW081410130726
47998CB00011B/3140